Mykonos

Helmuth Weiß

MERIAN-TopTen

Höhepunkte, die Sie unbedingt sehen sollten

1. **Ruhige Strände im Südosten**
Entspannte und unbeschwerte Strandtage genießt man in Kaló Livádi, Agía Ánna, Kalafáti und Liá (→ S. 27, 72, 73, 75).

2. **Paradise Beach**
Es gibt wohl kaum einen anderen Strand in Griechenland, der den Ruf einer Insel so geprägt hat (→ S. 27, 63)!

3. **Altstadtgassen von Mykonos-Stadt**
Die berühmte kubische Architektur der Kykladen in Reinkultur (→ S. 38, 40).

4. **Kirche Panagía Paraportianí**
Fünf Kapellen sind hier zu einem Gesamtkunstwerk zusammengefügt (→ S. 42).

5. **Venetía-Viertel »Klein-Venedig«**
Das malerische Viertel erinnert mit seinen Balkonen ein wenig an die italienische Lagunenstadt (→ S. 43).

6. **Archäologisches Museum**
Interessante Einblicke in die Vergangenheit von Mykonos und der Nachbarinsel Delos (→ S. 44).

7. **Nachtleben von Mykonos-Stadt**
Tanz und Party bis in den frühen Morgen – für manch einen der wichtigste Grund, nach Mykonos zu kommen (→ S. 52).

8. **Bootsfahrt ab Platís Gialós**
Entdecken Sie die schönsten Strände der Insel zunächst einmal vom Wasser aus (→ S. 65).

9. **Áno Merá**
Das einzige wirkliche Dorf der Insel hat sich einige typisch griechische Traditionen bewahrt (→ S. 69).

10. **Nachbarinsel Delos**
Eine Besichtigung der bedeutenden Ausgrabungsstätten auf Delos gehört zum Pflichtprogramm (→ S. 85).

MERIAN-Tipps ⟶
finden Sie auf Seite 128

Inhalt

Erläuterung der Symbole

Für Familien mit Kindern besonders geeignet

Diese Unterkünfte haben behindertengerechte Zimmer

In diesen Unterkünften sind Hunde erlaubt

CREDIT *Alle Kreditkarten werden akzeptiert*

Keine Kreditkarten werden akzeptiert

Preise für ein Doppelzimmer (2 Personen) ohne Frühstück

●●●●	*100–350 €*	●●	*30–50 €*
●●●	*50–90 €*	●	*20–30 €*

Preise für ein Hauptgericht mit Salat, ohne Getränke und Trinkgeld

●●●●	*ab 30 €*	●●	*ab 10 €*
●●●	*ab 20 €*	●	*ab 7,50 €*

Karten und Pläne

Die Buchstaben-Zahlen-Kombinationen im Text verweisen auf die Planquadrate der Karten, z. B.

→ S. 119, F 20 Kartenatlas
→ S. 37, b 2 Detailkarte innen

Mit Straßenkarte

→ S. 25

Mykonos stellt sich vor

Dem Himmel so nah – von der kleinen Kapelle oberhalb der Bucht von Kaló Livádi (→ S. 74) genießt man die unendliche Weite der ägäischen Inselwelt. Und unten am Meer wartet der 600 Meter lange, feine Sandstrand, der dank seiner etwas abseitigen Lage noch wenig besucht ist.

Mit dem Charme der Kykladen und viel Gelassenheit weiß die Insel zu überzeugen. Getreu dem Motto »Jeder nach seiner Fasson« sind dem individuellen Vergnügen kaum Grenzen gesetzt.

Wer nachts mit einem der großen Fährschiffe in den Hafen von Mykonos einläuft, verspürt sofort den Zauber, der die Insel umgibt: Wie die Stufen eines Amphitheaters steigen die Häuser halbkreisförmig am Hang empor, das Weiß der Häuser im künstlichen Licht verströmt aus der Ferne eine fast unwirkliche Atmosphäre: »Man nehme Picasso, Brancusi und Gaudí und stoße ihre Köpfe zusammen – das Ergebnis könnte ähnlich sein wie Mykonos in der Abenddämmerung, wenn es sich vor einem blauschwarzen Meer in violetter Weiße auflöst ..., dann weidet man nur noch Auge und Herz an diesem verschwenderischen Basar weiß glühender Lieblichkeit«, schrieb einst der Schriftsteller und Griechenlandkenner Lawrence Durrell voller Bewunderung über die Inselhauptstadt.

So zutreffend diese Beschreibung einerseits ist, so unvollkommen ist sie gleichzeitig. Denn gerade bei Nacht offenbart Mykonos noch eine andere, schillernde Facette, die für viele Besucher den eigentlichen Reiz der Insel ausmacht. Wenn in den unzähligen Restaurants und Bars das eigentliche Leben erwacht, wird die Chóra – so nennen die Mykonioten ihre Stadt – zum Treffpunkt und Laufsteg für Nachtschwärmer und Szenegänger. Bis in den Morgen hinein gleichen die tagsüber so beschaulichen Gassen und Plätze einem einzigen großen Partyraum. Wer dabei sein möchte, braucht vor allem genügend Ausdauer, denn geradezu verpönt ist es, den ganzen Abend in einer einzigen Bar zu verbringen.

Mykonos gehört zu einer der ersten Inseln der Ägäis, die sich für den Tourismus geöffnet haben. Diente das Eiland anfänglich als Durchgangsstation für betuchte Reisende auf dem Weg zu den berühmten Heiligtümern der Nachbarinsel Delos, entdeckte der internationale Jetset die Insel in den 50er-Jahren für sich. Die Gästebücher der Hotels lesen sich wie das »Who's who« der Mode- und Filmbranche. Dank Pierre Cardin, Yves Saint Laurent und Christian Dior gibt es auf Mykonos heutzutage mehr Boutiquen und Juweliergeschäfte als auf allen anderen Inseln der Ägäis.

Treffpunkt der Stars und Sternchen

Stars der Filmbranche, von Brigitte Bardot über Liz Taylor, Ingrid Bergman oder Anthony Perkins, ließen die Insel zu einem Treff der Stars und Sternchen avancieren. Die Medienvertreter im Gefolge der großen Namen taten ein Übriges, um den Mythos von der »Insel der Schönen und Reichen« zu festigen.

In den 60er- und 70er-Jahren lockte der Ruf der Freizügigkeit und Toleranz, verbunden mit der Aussicht auf das süße Leben unter südlicher Sonne, die Jugend Europas auf die Kykladeninsel. Und so machte sich Mykonos auch immer mehr einen Namen als Insel der Schwulen und Lesben, war hier doch die Toleranz gegenüber gleichgeschlechtlicher Liebe so groß wie sonst nirgends an den Küsten des Mittelmeeres.

Heute kommen die meisten Gäste mit den großen Reiseveranstaltern oder an Bord von Kreuzfahrtschiffen auf die Insel, die auch einem anspruchsvollen Publikum alle Annehmlichkeiten bietet. Luxuriöse Hotels, exklusive Einkaufsadressen, Restaurants der Spitzenklasse: Wer es sich leisten kann, findet hier das Paradies auf Erden.

Das gilt vor allem für Mykonos-Stadt, dem touristischen wie gesellschaftlichen Zentrum der Insel. Wer die Chóra nicht kennt, hat die Kykladen nicht gesehen. Die Stadt genießt den Ruf als eine der schönsten mediterranen Städte überhaupt, nirgendwo sonst liegen Klischee und Realität so dicht nebeneinander wie hier. »Was die Architektur sagen kann, das hat sie hier gesagt«, soll einmal der berühmte Architekt Le Corbusier gesagt haben. Man kann ihn verstehen. In der Tat sind es die Häuser und Gassen der Chóra, die in ihrer einheitlichen Geschlossenheit faszinieren. Die weiß getünchten kubischen Blöcke scheinen von einem kaum entwirrbaren Band enger Gassen umschlossen – ein Labyrinth, das sich dem Besucher auch nach mehrtägigem Durchstreifen nur langsam erschließt. Die meist zwei-, manchmal dreistöckigen Häuser mit ihren Außentreppen zum Obergeschoss und den farbigen Fenstern und Türen entfalten das Bild einer mittelalterlichen Stadt, das von modernen westlichen Elementen kaum durchsetzt ist. Selbst die zahllosen Geschäfte, Boutiquen, Restaurants und Bars, die meistens im Erdgeschoss untergebracht sind, vermögen diesen Eindruck kaum zu beeinträchtigen, was vielleicht daran liegt, dass sie durch ihre übersichtliche Größe eine natürliche Intimität wahren.

Chóra – die Inselschönheit

Noch heute zeugen die meisten Häuser von einem einfachen, ursprünglichen Aufbau: Ein großer Raum im Erdgeschoss diente einst als Wohnraum, ein oder zwei kleine Räume dahinter wurden als Küche oder Schlafraum genutzt. Im Obergeschoss, das über eine außen am Haus entlanglaufende und mit Blumentöpfen geschmückte Holz- oder Steintreppe zu erreichen ist, findet man dieselbe Aufteilung. An einigen Stellen sind sogar noch die auf Höhe des ersten Stocks quer über die Gassen von Haus zu Haus führenden Verbindungsgänge aus Holz erhalten.

Ein wirkliches Zentrum mit Hauptplatz wird der Besucher in der Chóra vergeblich suchen, an mehreren Stellen der Stadt öffnen sich klei-

Wie eine Bühne wirkt die am Abend stimmungsvoll beleuchtete Chóra, wie Mykonos-Stadt (→ S. 35) auch genannt wird, auf all jene, die Mykonos mit dem Schiff erreichen.

ne, intime Plätze, allesamt von individuellem Charakter. Und so kann der Besucher auch nach Tagen noch neue Winkel entdecken, die das Labyrinth der Chóra vor seinen Augen bislang verborgen hielt.

300 Sonnentage im Jahr

Doch was wären Chóra und Nachtleben ohne die zahlreichen Strände, die auf Mykonos Badevergnügen pur bieten. Erst diese Kombination aus Traumstränden und nächtlichem Vergnügen macht den besonderen Reiz der Insel aus. Dabei ist Mykonos von seinen natürlichen Bedingungen her nicht unbedingt ein Schmuckstück. Das nur 88 Quadratkilometer große Inselchen, welches an seiner breitesten Stelle gerade einmal 14 Kilometer misst, zeigt sich als karge, wenig fruchtbare Erhebung inmitten der Ägäis. Natürliche Wasserläufe fehlen ebenso wie eine abwechslungsreiche Bergwelt oder eine reiche Vegetation. Die beiden höchsten Gipfel der Insel erreichen knapp 400 Meter, Steilküsten prägen weite Teile des Küstensaums. Und schließlich fehlen auch bedeutende archäologische Funde, wie sie beispielsweise die Nachbarinsel Delos besitzt.

Zu den unbestrittenen Vorzügen von Mykonos aber gehören die vielen feinsandigen Strände und das glasklare, saubere Wasser. So manche Besucher kommen gar allein des Badens wegen immer wieder auf das Eiland. Mehr als 300 Sonnentage im Jahr versprechen ein ausgiebiges Strandleben, auch wenn an manchen Tagen ein allzu heftiger Sturm den Aufenthalt am Wasser beeinträchtigt. Doch der fast beständig aus Norden wehende Wind hat auch seine guten Seiten: Nur selten lässt er die Hitze des Sommers unerträglich werden, bietet ein wenig Erfrischung von der ohne Unterbrechung scheinenden Sonne. Und unter den Wellenreitern gilt Mykonos längst als einer der »Hot Spots« der internationalen Surf-Szene. An den Steilküsten türmen sich die Wellen zur Freude der Windsurfer manchmal meterhoch auf.

Überhaupt der Wind, von den Griechen »Meltémi« genannt: Er ist es auch, der die landwirtschaftliche Nutzung auf Mykonos so schwierig macht. Leicht wird die fruchtbare Erdkrume ins Meer geweht, was Mauern und der charakteristische terrassenförmige Anbau nicht verhindern können. Und so betreiben die Mykonioten die Landwirtschaft heute meist nur »im Kleinen« zur Selbstversorgung oder als Nebenerwerb. Mit Ausnahme einiger inseltypischer Spezialitäten wird alles mit Schiffen auf die Insel gebracht, sogar die meisten Lebensmittel. Seit einigen Jahren wird mit dem Paraportianó zumindest wieder etwas Wein angebaut, den man unbedingt einmal probieren sollte.

In der Vergangenheit war der Meltémi ein wichtiger Verbündeter der Einwohner von Mykonos. Die zahlreich vorhandenen Windmühlen, mittlerweile zum Inselsymbol geworden, zeugen noch heute davon. Der mindestens 200 Tage im Jahr wehende Wind sorgte dafür, dass dort nicht nur die Einheimischen ihr eigenes Getreide mahlen ließen, auch das Getreide von anderen Inseln wurde hier verarbeitet. Heute haben die Windmühlen ihre ursprüngliche Funktion verloren, einige wurden jedoch zur Freude der Besucher neu errichtet.

Insel der Seefahrer

Wer über die Insel fährt, wird rasch bemerken, dass Mykonos nicht nur unzählige Windmühlen, sondern auch auffallend viele Kirchen und Kapellen besitzt. Niemand weiß genau, wie viele es sind, man spricht von mehr als 365, für jeden Tag des Jahres eine. Meist sind es schlichte kleine Gotteshäuser, weiß gekalkt und von einer tiefblauen oder dunkelroten Kuppel gekrönt, die einen markanten Farbtupfer in die karge Landschaft setzen. Fast jede Familie auf der Insel hat ihre eigene Kirche, die einem bestimmten Heiligen gewidmet ist. Am Vortag des Patronats veranstaltet man nach guter Tradition ein großes Fest, zu dem Freunde und Bekannte eingeladen werden. Viele der Kirchlein sind alt und stammen aus einer Zeit, als die meisten Mykonioten zur See fuhren. Sie wurden als Dank für eine gesunde Heimkehr und als Schutz vor zukünftigen Gefahren erbaut.

So erinnern die Kirchen an ein wichtiges Element der Geschichte von Mykonos, die Seefahrt. Bis zum Aufkommen der Dampfschifffahrt waren der Seehandel und der Fischfang die wichtigsten Einkommensquellen der wenig fruchtbaren Insel. Anfang des 18. Jahrhunderts soll Mykonos zeitgenössischen Berichten zufolge über 100 kleinere und über 40 größere Schiffe verfügt haben. Mit dem regen Handelsverkehr blühte auch die Piraterie: Versteckte kleine Buchten entlang der teilweise nur schwer zugänglichen Küste boten den Seeräubern gute Unterschlupfmöglichkeiten. Der letzte Pirat von Mykonos mit dem Namen Mermeléchas starb erst im Jahr 1854.

Pétros – das Inselmaskottchen

Eine andere berühmte Figur mit einer kuriosen Geschichte ist Pétros, das Maskottchen der Insel Mykonos. Als echter Aussteiger kam der Pelikan einst nach Mykonos, wo er bald zum begehrten Fotomotiv und damit zu einer Touristenattraktion wurde. Als Pétros jedoch erneut die Reiselust packte und er ins benachbarte Tinos zog, beschäftigten sich sogar die Gerichte mit dem Fall. Die Mykonioten wollten sich diesen »Raub der Helena« nicht gefallen lassen und forderten das lebende Wahrzeichen ihrer Insel zurück, was schließlich auch gelang. Zwar ist das Original längst verstorben, den Erben des Ur-Pétros begegnet man jedoch immer wieder in den Gassen oder auf dem Fischmarkt – und stellt schon bald fest, dass es auf der Insel mehr als nur einen Nachfolger gibt!

Der berühmteste tierische Bewohner der Prominenteninsel Mykonos ist Pétros, der Pelikan.

Gewusst wo ...

Leben wie die Götter: Im Apollónia Bay Hotel (→ MERIAN-Tipp, S. 54) vergisst man bald alles Irdische und verbringt unbeschwerte Tage fernab des städtischen Treibens. Dabei sind es von diesem in der Bucht von Ágios Ioánnis gelegenen Hotel mit dem Bus nur etwa 10 Minuten bis Mykonos-Stadt.

Oase des Luxus – so präsentiert sich Mykonos im Vergleich zu den ägäischen Schwesterinseln. Nobel-Herbergen, Gourmet-Tempel und Designer-Boutiquen haben hier reichlich Zulauf.

Übernachten

Egal, ob Luxushotel oder Privatunterkunft: Es überwiegt die schlichte weiß-blaue Kykladenarchitektur.

Kleine Häuser mit Charme bestimmen die Hotelszene auf Mykonos. Das Andrónikos (→ MERIAN-Tipp, S. 13) in Mykonos-Stadt verbindet traditionelle Architektur mit modernem Design.

Da Mykonos nahezu ausschließlich vom Tourismus lebt, ist das Angebot an Hotels und Pensionen entsprechend groß. Es gibt viele Unterkunftsmöglichkeiten, vom einfachen Privatzimmer bis zur Luxusherberge. Doch allgemein gilt: Die Insel der Schönen und Reichen ist eher teurer. Dafür erwarten den Besucher überwiegend geschmackvolle, im charakteristischen Stil der Kykladen errichtete Hotelanlagen von kleiner oder mittlerer Größe.

Wer in der Hauptreisezeit Juli und August spontan auf Zimmersuche geht, findet nur mit Mühe ein freies Bett. Außerhalb der Hochsaison ist das Angebot nicht nur größer, die Übernachtungspreise sind auch günstiger: Wer etwas handelt, kann einen **Preisnachlass** von bis zu 20 % erzielen. In der Vor- und Nachsaison liegen die Preise für ein Privatzimmer bei 20 bis 50 € pro Nacht (Doppelzimmer ohne Frühstück), in der Hauptsaison klettern sie mindestens auf 40 bis 120 €. Für ein Hotelzimmer in der Stadt sind Übernachtungspreise von 100 bis 300 € keine Seltenheit. Wer nicht ganz so tief in die Tasche greifen möchte, sollte das Zimmer über einen Reiseveranstalter von zu Hause aus buchen.

Auf Mykonos ist alles etwas teurer

Hotels werden in Griechenland von der griechischen Zentrale für Fremdenverkehr (E.O.T.) in unterschiedliche Kategorien (Luxus, A, B, C, D und E) eingeteilt, die für eine bestimmte Ausstattung und Preisstufe stehen. Die **Klassifizierung** entspricht nicht immer den eigenen Vorstellungen, bietet aber dennoch einen guten Anhaltspunkt. Ein Hotel der Kategorie B oder C kann durchaus eine angenehmere Atmosphäre oder einen aufmerksameren Service bieten als ein Hotel der nächsthöheren Kategorie.

MERIAN-Tipp

1 Andrónikos-Hotel

Wer eine künstlerisch angehauchte Atmosphäre in lockerem Ambiente liebt, wird sich in diesem Hotel wohl fühlen. Die Zimmer haben einen großen Balkon und sind alle unterschiedlich gestaltet, vom eher traditionellen Stil bis hin zur coolen Design-Ausstattung. Das Hotel liegt etwas außerhalb des Stadtzentrums an einem Hang über dem Meer, doch ein großer Pool entschädigt für die Strandferne. Außergewöhnlich auch die Qualität des Hotel-Restaurants. Besonders freundliches und hilfsbereites Personal.

Drafaki; Tel. 2 28 90/2 42 31,
Fax 2 46 91;
www.andronikoshotel.com;
53 Zimmer ●●● AmEx MASTER VISA

S. 37, südl. c 6

Ähnlich wie die Hotels sind auch die Pensionen und Privatzimmer in Kategorien eingeteilt und unterliegen der Aufsicht der Fremdenpolizei. Wenn Sie nicht bereits pauschal gebucht haben, empfiehlt es sich, die Zimmer zunächst anzusehen.

In jedem Hotelzimmer muss laut Gesetz eine offizielle Preisliste aushängen, die den verbindlichen Zimmerpreis angibt. Dies gilt auch für Zuschläge, die in manchen Fällen, etwa bei einer kurzen Übernachtungsdauer oder während der Hauptsaison, vom Vermieter verlangt werden dürfen.

Direkt am Fährhafen in Mykonos-Stadt gibt es drei **Agenturen** für Zimmer und Apartments, Hotels und Camping. Vermittlungsbüros in der Stadt bieten weitere Möglichkeiten, ein Zimmer zu finden.

Empfehlenswerte Hotels und andere Unterkünfte finden Sie jeweils bei den Orten im Kapitel »Unterwegs auf Mykonos«.

Essen und Trinken

»Veredelte« griechische Gerichte prägen die neue Inselküche und erfreuen selbst Genießer.

Kann es einen schöneren Ort für ein Abendessen zu zweit geben? In den kleinen Restaurants am Hafen von Mykonos-Stadt (→ MERIAN-Tipp, S. 35) sind die romantische Atmosphäre und der Blick auf Klein-Venedig im Preis inbegriffen.

Eigentlich gilt Griechenland nicht unbedingt als ein Paradies für Feinschmecker. Die Gerichte der traditionell bäuerlichen Küche sind, wie viele Regionalküchen, einfach und bodenständig. Mykonos ist anders. Nirgendwo in Griechenland gibt es so viele gute und edle Restaurants wie dort. Natürlich stehen auch hier **griechische »Klassiker«** auf der Speisekarte, angefangen von einer mächtigen »moussakás«, einem Auflauf aus Kartoffeln, Auberginen und Hackfleisch, bis hin zu zarten »dolmadákia«, jungen, eingerollten Weinblättern mit verschiedenen Gewürzen und Reis gefüllt. Doch auch diese weithin bekannten Gerichte werden hier in einigen Restaurants mit derartiger Raffinesse zubereitet, dass selbst eingefleischte Griechenlandkenner neue Geschmackshorizonte entdecken. Doch damit nicht genug. Die gehobene französische und italienische Küche hat auf der Insel ebenso Einzug gehalten wie die asiatische Küche. Hier trifft sich die Highsociety und all jene, die sich gern darunter mischen möchten. Natürlich erreicht auch das Preisniveau in diesen **Gourmet-Tempeln** die höchsten Sphären, doch nicht nur dort: Auf der gesamten Insel liegen die Preise in den Restaurants und Tavernen weit über dem, was man sonst von griechischen Inseln gewohnt ist. Wer keine Halbpension gebucht hat und ein preiswertes Abendessen sucht, ist in seiner Auswahl etwas eingeschränkt. Die einfache Tavernenkultur, wie sie viele Griechenlandliebhaber schätzen, ist auf Mykonos etwas in den Hintergrund gedrängt worden.

MERIAN-Tipp

2 Restaurant Ávra

Mitten im Gassengewirr von Mykonos-Stadt hat man vor allem im Garten des Restaurants Ávra einen hübschen Sitzplatz im Grünen. Auf der Speisekarte dominiert die griechische Küche, ergänzt durch eine Reihe empfehlenswerter internationaler Gerichte wie Risotto mit Meeresfrüchten oder Hühnchen auf orientalische Art. Ein Traum sind die selbst gemachten Nachspeisen wie Champagner Mousse oder gebackene Birne. Das Weinangebot umfasst viele Weine des namhaften Produzenten Tsántalis, aber auch den lokalen Paraportianó. Reservierung empfehlenswert.

Kalógera 10; Tel. 2 28 90/2 22 98;
von März–Nov. ganztägig geöffnet •

→ S. 37, b 4

Frühstück auf Griechisch

Ein starker Kaffee, Toast mit Butter und Marmelade, das war's dann auch schon: Ein ausgiebiges und langes **Frühstück** entspricht ganz und gar nicht griechischen Traditionen. Natürlich haben sich die meisten Hotels auf die Bedürfnisse ihrer Gäste eingestellt und bieten ein erweitertes Frühstück an, das man sich am Büfett selbst zusammenstellen kann. Hat man das Zimmer ohne Frühstück gebucht, werden in den Hotels der oberen Preiskategorie bis zu 30 € für das Frühstücksbuffet verlangt – ein Preis, der nicht immer angemessen erscheint.

Auch wenn die Griechen – wie die meisten Südeuropäer – nur wenig und oft lediglich kalte Gerichte zum **Mittagessen** verzehren, kann man auf Mykonos vielerorts bereits ab 11 Uhr zu Mittag essen. Manche Tavernen und Restaurants bieten den ganzen Tag durchgehend warme Küche an. Eine günstige Alternative zum Restaurantbesuch sind die vielen kleinen Imbissstuben in Mykonos-Stadt, die köstliche Snacks für zwischendurch anbieten.

Wenn sich der Abend ankündigt, führt der Weg der Einheimischen und Besucher in die Bars und Kneipen rund um Klein-Venedig in Mykonos-Stadt, um dort den Sonnenuntergang zu genießen. Die Liste der angebotenen Cocktails und Drinks wird von Jahr zu Jahr länger und ausgefallener, doch das »Sehen und Gesehen werden« steht eindeutig im Vordergrund. Die griechische Hauptmahlzeit ist das **Abendessen**, eine kulturelle wie gesellschaftliche Institution. Während das Essen in den Hotels meist gegen 19 Uhr serviert wird, suchen die Griechen die Tavernen und Restaurants häufig erst gegen 21 oder 22 Uhr auf. Entsprechend lang ziehen sich die Tafelfreuden hin. Vor allem in der Hauptsaison ist es in den meisten Restaurants unbedingt erforderlich, einen Tisch zu reservieren.

Zum »Sundowner« ins Venetía-Viertel

Viele Speisekarten sind, dem internationalen Publikum entsprechend, auf Englisch oder sogar auf Deutsch abgefasst. In einfacheren Tavernen werden manchmal nur diejenigen Gerichte angeboten, die auch mit einem Preis versehen sind. Häufig werden die einzelnen Gänge eines Menüs gleichzeitig serviert. Will man dies vermeiden, kann sich aber nicht verständlich machen, so ist es am besten, die einzelnen Gerichte einfach nacheinander zu bestellen. Die griechische Tischgesellschaft, »paréa« genannt, folgt häufig einem sympathischen Brauch, der zur Nachahmung empfohlen wird: Man bestellt gemeinsam verschiede-

Nach guter griechischer Tradition bestellt die Tischgesellschaft mehrere unterschiedliche Gerichte, die man dann gemeinsam probiert.

Griechische Tischgesellschaft »paréa«

ne Gerichte, die in der Mitte des Tischs aufgebaut werden. Es ist üblich, dass sich jeder von den zahlreichen Tellern nimmt, was ihm schmeckt. Auf diese Weise kann man die unterschiedlichsten Gerichte probieren. Nach griechischer Sitte übernimmt ein Gast die gesamte Rechnung, eine Ehre, um die heftig gestritten wird. Im Rechnungspreis sind Mehrwertsteuer und Bedienung enthalten, Trinkgeld ist erwünscht.

Wasser und Wein

In Griechenland wird stets Wasser zum Essen oder auch zum Kaffee getrunken. Leider ist der Brauch, alle Gäste kostenlos mit einem Glas oder eine Karaffe mit Wasser zu versorgen, etwas in Vergessenheit geraten. Doch noch immer ist **Wein** traditioneller Begleiter eines guten Essens, was die Tatsache erklären mag, dass der Weinverbrauch der Griechen doppelt so hoch ist wie der in Deutschland. Allerdings trifft der geharzte Retsína nicht jedermanns Geschmack. Harz wird dem Wein übrigens anstelle von Schwefel zur Konservierung beigefügt, was der Bekömmlichkeit zweifellos zugute kommt. Seit einigen Jahren wird auf Mykonos auch wieder eigener Wein produziert. Der weiße, rosé oder rote Paraportianó, der unter ökologischen Bedingungen hergestellt wird, ist durchaus zu empfehlen. Natürlich bieten die vielen Restaurants oder Hotels auch andere griechische Weine an. Eine besonders umfangreiche Auswahl hat das Restaurant des Hotels Belvedere (→ S. 35), hier stehen 300 verschiedene Weine auf der Karte. Inzwischen haben mehrere ausländische Bierbrauereien Niederlassungen in Griechenland eröffnet. Somit sind viele bekannte Marken wie Amstel, Heineken, Löwenbräu oder Karlsberg auch auf Mykonos erhältlich. Versäumen Sie nicht, eines der einheimischen Biere zu probieren, beispielsweise die Marke mit dem tiefsinnigen Namen Mythos. Die bekanntesten griechischen **Spirituosen** haben auch bei uns längst Einzug gehalten. Neben Brandy oder dem Weinbrand Metaxá gilt das vor allem für Ouzo, einen Anisschnaps, der pur oder verdünnt mit Wasser oder Eis getrunken wird. In sich haben es die reinen Tresterschnäpse, wie »rakí« oder »tsípouro«.

Kaffee wird in Griechenland zu jeder Zeit des Tages getrunken. Wer nicht den üblichen Nescafé trinken möchte, sollte einen »café ellinikó« bestellen, ein mokkaähnliches Getränk ohne Milch, zu dem stets ein Glas Wasser gereicht wird. Dieser Mokka wird verschieden stark und unterschiedlich süß serviert – fast schon eine Wissenschaft für sich. Das Wichtigste für den Anfang: »glikó« bedeutet sehr süß; »métrio« mit etwas Zucker; »skéto« ohne Zucker. Sehr erfrischend bei großer Hitze ist auch ein kalter, schaumig geschlagener und mit Eiswürfeln servierter Nescafé »frappé«. Eine Übersicht über viele typisch griechische Gerichte bietet der Essdolmetscher (→ S. 100).

Bitte beachten Sie, dass die Regelung der Öffnungszeiten auf Mykonos – je nach Besucherandrang – recht leger gehandhabt wird: Sobald die Saison beginnt, öffnen die meisten Restaurants, Tavernen und Bars ab dem späten Vormittag und schließen, wenn der letzte Gast das Lokal verlässt. Einige wenige Restaurants öffnen erst am Abend. Fast alle Restaurants und Tavernen akzeptieren die gängigen Kreditkarten.

Empfehlenswerte Restaurants und andere Lokale finden Sie jeweils bei den Orten im Kapitel »Unterwegs auf Mykonos«.

Einkaufen

Kunst, Kitsch, Kleidung – Mykonos gilt als Einkaufsparadies, aber alles hat seinen Preis.

In den Altstadtgassen der Chóra gibt es neben den bekannten Markennamen viele Geschäfte mit individuellem Angebot, wie die hübsche Boutique Il Mago (→ S. 51).

Mykonos bietet hervorragende Einkaufsmöglichkeiten, das Angebot an hochpreisigen und edlen Geschenkartikeln ist hier – bedingt durch das allgemein höhere Preisniveau und die vielen Tagesgäste der Kreuzfahrtschiffe – besonders groß. Die Geschäfte haben während der Saison von Mai bis Oktober täglich durchgehend von ca. zehn Uhr vormittags bis zehn oder elf Uhr abends geöffnet, manchmal sogar länger. Im September, wenn die Zahl der Gäste allmählich abnimmt, verkaufen viele Geschäfte und Boutiquen ihre Waren mit zum Teil beträchtlichen Rabatten. Da viele Geschäfte in den Wintermonaten geschlossen sind, findet ein regelrechter Schlussverkauf statt, um die Lager für die nächste Saison zu räumen.

Exklusive Designer-Stücke

Wie überall in Griechenland gibt es auf Mykonos ein umfangreiches Angebot an **Gold- und Silberschmuck**. Die Zahl der Geschäfte im Gassengewirr der Chóra ist groß, und die Schmuckstücke sind aufgrund der niedrigeren Herstellungskosten vergleichsweise günstig. Für die exklusiven Designs aus dem Hause Lalaounis, einem der bekanntesten Juweliere Griechenlands mit Filialen in Paris, London und New York, trifft dies allerdings nicht zu. Beliebt und typisch griechisch sind Schmuckstücke mit Motiven, die Personen oder Ereignisse aus der griechischen Geschichte und Mythologie darstellen. Sehr oft findet man Arbeiten, bei denen die berühmten Funde von Delos, die dort im Original besichtigt werden können, als Vorbild dienten. Ob bei Uhren, wertvollen Steinen oder 22-karätigen Goldarbeiten, den Preisen sind nach oben kaum Grenzen gesetzt. Die meisten Juweliere und Schmuckgeschäfte findet man in der Gasse Matogiánni und den parallelen Gässchen, die vom Mavrogénous-Platz abzweigen. Zahlreiche weitere Schmuckgeschäfte sind über die ganze Altstadt verteilt.

Kaum ein Markenname internationaler Provenienz, ob Armani, Benetton oder Calvin Klein, Lacoste, Versace, Vivienne Westwood oder Moschino, der in Mykonos-Stadt nicht vertreten wäre. Die zahlreichen **Boutiquen** der Chóra führen neben den exklusiven Kollektionen der bekannten Designerlabel Markenjeans, extravagante Sommerkleidung sowie Strandtücher oder preiswerte T-Shirts. Fast jedes Jahr eröffnen neue Boutiquen in Mykonos-Stadt, die die neueste internationale Mode aus Mailand, London und Paris präsentieren. Doch viele schließen ebenso schnell wieder, wenn sie den Geschmack der etwas verwöhnten Kundschaft nicht getroffen haben. Natürlich fehlen auch besondere, auf die Gay-Szene zugeschnittene Geschäfte nicht, die manch ausgefallenes Stück »an den Mann bringen« möchten.

Zu den bedeutendsten Kunstgegenständen der griechischen Kultur gehören antike **Ikonen**, Heiligendarstellungen, deren Ausfuhr allerdings streng verboten ist. Das umfangreiche Angebot an Kopien reicht von industriell hergestellten, bedruckten Bildtafeln bis hin zu aufwendig handgemalten Kopien alter Meisterwerke. Diese zeitintensive Handarbeit hat natürlich auch ihren Preis. Solche nach traditioneller Methode gefertigten Ikonen finden Sie z. B. im Atelier Apokalypse in der Nähe der Ágios Nikólaos Kirche. Der Künstler, Merkoúris Dimópoulos, freut sich über Besucher, die ihm bei seiner Arbeit über die Schulter schauen.

Wer sich weniger für sakrale Kunst als für einfache kunstgewerbliche Produkte interessiert, wird bestimmt in den Verkaufsräumen von Hermes und Scala fündig. Neben der sonst üblichen Massenware bieten diese beiden Geschäfte künstlerisch sehr ansprechende Keramikerzeugnisse an. Besonders hübsch sind die **Skulpturen**, die von verschiedenen Inseln und vom griechischen Festland stammen. Man findet sie in den vielen Ateliers der Inselhauptstadt, wo einheimische wie internationale Künstler ihre Gemälde präsentieren. Bevorzugtes Motiv vieler Maler und ihrer Käufer sind die klassischen Windmühlen; doch auch moderne avantgardistische Kunst ist zu haben.

Windmühlen bevorzugt

In Mykonos-Stadt gibt es diverse **Antiquitätengeschäfte**, die ihre Stücke im Wesentlichen an die örtlichen Villenbesitzer verkaufen. Bitte beachten Sie beim Kauf, dass die Ausfuhr von echten Antiquitäten in Griechenland verboten ist, Nachbildungen sind davon selbstverständlich ausgenommen. Es empfiehlt sich allerdings, eine entsprechende Bescheinigung des Händlers mitzuführen, um möglichen Problemen mit den Zollbehörden vorzubeugen.

Auch wer sich für **Lederwaren** interessiert, wird auf Mykonos fündig werden. Vom Lederminirock über Westen aus feinem Kalbsleder bis hin zu Taschen und Geldbeuteln reicht das Angebot.

Ein besonderes Mitbringsel aus Griechenland stellen die »kombolóia« dar: kleine Gebetsketten, die einst eine ähnliche Funktion wie der hier zu Lande verwendete Rosenkranz erfüllten. Im griechischen Alltag haben sie ihren ursprünglichen religiösen Sinn in den meisten Fällen längst eingebüßt. Kombolóia werden in unterschiedlichsten Formen und Farben angeboten, aus Stein, Holz, Kunststoff oder Glas.

Die Herstellung von **Textilien**, vor allem von traditionellen Webarbei-

Die schönsten Winkel der Insel auf Leinwand und als Postkartenmotiv schmücken nicht nur diese mykoniotische Hauswand.

Die Galerie Scala (→ MERIAN-Tipp, S. 51) in der Chóra ist eine wahre Fundgrube für ausgefallenes Kunsthandwerk und erlesenen Schmuck aus ganz Griechenland.

ten, war einst ein wichtiger Erwerbszweig auf der Insel. Heute gibt es nur noch wenige mykoniotische Frauen, die diese Kunst beherrschen. Die geschmackvollen, im Stil meist zeitlos gehaltenen Produkte wie handgewebte Schals und andere Kleidungsstücke kann man in mehreren Geschäften der Chóra erwerben, am besten in den Stadtteilen Kástro und Venetía. Relativ günstig zu haben ist **Töpferware**. Einfache, oft farbenfroh bemalte Teller, Tassen und Schüsseln sind beliebte Souvenirs. Doch auch kunsthandwerklich anspruchsvolle und entsprechend hochpreisige Töpferware ist in den Geschäften der Chóra zu finden.

Wer etwas Urlaubsatmosphäre mit nach Hause nehmen möchte, findet in den Musikgeschäften von Mykonos griechische Musik auf MC oder CD. Das Angebot reicht von **Folklore** bis hin zu **orthodoxen Gesängen**.

Eine hübsche Erinnerung an den Urlaub sind auch frische oder getrocknete Kräuter und Gewürze, die für viele typisch griechische Speisen verwendet werden, z. B. Salbei, Thymian oder Oregano. Ein weiterer essenzieller Bestandteil vieler Gerichte ist das echte kaltgepresste Olivenöl, das – in Flaschen abgefüllt – überall erhältlich ist.

Urlaubsatmosphäre für zu Hause

Inseltypische kulinarische Spezialitäten sind »kopanistí«, ein scharfer Kuhmilchkäse, und das auf Mykonos hergestellte Marzipan – eine Köstlichkeit für Leckermäuler, wie sie beispielsweise das Feinschmeckergeschäft Pantopolíon in der Kalógera 24 anbietet. Hier wird auch der ökologisch angebaute Wein Paraportianó verkauft, den es als Weißwein, Rosé und Rotwein gibt.

Empfehlenswerte Geschäfte und Märkte finden Sie jeweils bei den Orten im Kapitel »Unterwegs auf Mykonos«.

Feste und Events

Fast alle Feste gehen auf religiöse Traditionen zurück. Eine Ausnahme bildet der Óchi-Tag.

Lebendige Bräuche: Am Karfreitag tragen noch heute viele Männer und Frauen die traditionelle griechische Festtagstracht.

Das wichtigste religiöse wie gesellschaftliche Ereignis des Jahres ist das griechisch-orthodoxe Osterfest (»Páska«). Obwohl die kirchlichen Traditionen im modernen Griechenland – so auf Mykonos – in den letzten Jahrzehnten etwas an Bedeutung verloren haben, dreht sich das gesamte öffentliche Leben in der Osterzeit um das bevorstehende Fest, vergleichbar mit der Weihnachtszeit in mitteleuropäischen Ländern.
Da sich die griechisch-orthodoxe Kirche auf den Julianischen Kalender stützt, wird Ostern in Griechenland jeweils ein oder zwei Wochen nach dem Osterfest der übrigen christlichen Kirchen gefeiert.

Die so genannte Heilige Woche, die Zeit zwischen Palmsonntag und Ostern, ist eine Zeit intensivster spiritueller und häuslicher Vorbereitungen. An jedem Abend der Karwoche rufen die Kirchenglocken die Gläubigen zum Gottesdienst. Das gesamte Haus wird auf Hochglanz gebracht, da

Zwischen Genuss und Enthaltsamkeit

zum Osterfest traditionell alle Verwandten, die auf das Festland oder ins Ausland verzogen sind, in die Heimat zurückkehren, um ihre Familien zu besuchen. Der Karfreitag ist der strengste Fastentag des Kirchenjahres. Der Genuss von Alkohol und Tabak ist ebenso wenig erlaubt wie beispielsweise der Verzehr von Speisen, die mit pflanzlichem Fett zubereitet sind. Einige strenggläubige Griechen ernähren sich an diesem Tag in Erinnerung an das Leiden des gekreuzigten Jesus ausschließlich von in Essig getauchtem Brot. In den Kirchen wird dann das Grab Christi aufgebaut und mit Blumen geschmückt. Am Abend trägt die Gemeinde den »Epitaph« und damit den Leichnam Christi in einer feierlichen Prozession symbolisch zu Grabe. Der Ostersamstag wird für die letzten Vorbereitungen genutzt: Während die Frauen mit Kochen und Backen für den nächsten Tag beschäftigt sind, ist es Aufgabe der Männer, das traditionelle Osterlamm oder Zicklein zu schlachten.

Auch wenn die Religion im Alltagsleben der Mykonioten an Bedeutung verloren hat, fehlt kaum jemand, wenn in der Osternacht die Auferste-

»Christós anésti«

hungsfeier zelebriert wird. Festlich gekleidet versammelt sich die Gemeinde in der Kirche. Oft reicht der Platz gar nicht aus, so dass der Gottesdienst über Lautsprecher nach draußen übertragen wird. Der griechisch-orthodoxen Osterliturgie zufolge zieht sich der »Papás« kurz vor Mitternacht zurück, bevor er um 24 Uhr mit dem Osterlicht wieder heraustritt, um zu verkünden: »Kommt und empfanget Licht vom Ewigen Licht und preiset Christus, der von den Toten auferstanden ist«, »Christós anésti«. Am Osterlicht des Priesters entzünden dann alle ihre mitgebrachten Kerzen, und schnell bedeckt ein flackerndes Lichtermeer die Kirche und den Vorplatz. Die Verkündung der Auferstehung Christi wird von einem vielstimmigen »Alithós anésti«, »Er ist wahrhaftig auferstanden«, von der Gemeinde beantwortet. Der nun einsetzende ohrenbetäubende Lärm von Knallkörpern und Raketen hallt vor allem in den Gassen der Chóra mit kaum verminderter Lautstärke wider. Zum Zeichen der Versöhnung und Beendigung alter Feindschaften tauschen die Griechen den Osterkuss aus. Bei der anschließenden Familienfeier zu Hause nascht man am Ostergebäck, schlägt die traditionell rot gefärbten Ostereier aneinander und stärkt sich mit einer dampfenden »magirítsa«, einer Suppe aus Lamminnereien. Am Ostersonntag versammelt sich die Familie um die festliche Tafel und genießt den auf traditionelle Art zubereiteten Lamm- oder Zickleinbraten.

Januar

Neujahrstag

An diesem Tag erhalten die Kinder kleine Geschenke. Zum Jahreswechsel gibt es außerdem »vassilopita«, einen Neujahrskuchen, in den eine Geldmünze eingebacken ist. Wer die Münze in seinem Stück findet, soll ein glückliches Jahr vor sich haben.

1. Januar

Epiphanias

Am Dreikönigstag wird an die Taufe Christi erinnert. Nach einer feierlichen Prozession zum Hafen wirft der Priester ein Kreuz ins Meer, dem Jugendliche durch einen Sprung ins Wasser nachtauchen.

6. Januar

Februar

Karneval

Am letzten Wochenende vor Beginn der Fastenzeit feiert man in den bunt dekorierten Tavernen mit Musik, Tanz und originellen Verkleidungen.

März

Nationalfeiertag

Am 25. März wird an den Beginn des Befreiungskampfes gegen die Türken im Jahr 1821 erinnert.

Fastenzeit

Am ersten Tag der Fastenzeit vor Ostern geht man gewöhnlich ins Freie und lässt Drachen steigen. Streng genommen dürfen während der Fastenzeit nur noch Fastenspeisen verzehrt werden, die weder Fleisch, Eier, Milch oder Öl enthalten. Im Alltag hat dieser religiöse Brauch nur noch wenig Bedeutung. Am ersten Samstag der Fastenzeit wird eine Marien-Ikone in einer feierlichen Prozession aus dem Tourlianí-Kloster in Áno Merá in die örtliche Kirche getragen.

April

Ostern

Am Abend des Karfreitag findet eine feierliche Prozession durch die Gassen der Chóra statt, bei der Christus symbolisch zu Grabe getragen wird. Und am Ostersonntag wird auf dem Platz vor der Kathedrale eine Puppe verbrannt, die den Verräter Judas darstellen soll.

Mai/Juni

Tag der Arbeit

An diesem Tag flechten die Mykoniotinnen Blumenkränze, die die Häuser bis zum 24. Juni schmücken. Dann, am Tag des hl. Johannes, werden sie in einem großen Sonnwendfeuer verbrannt. Traditionell muss jeder dreimal übers Feuer springen.

1.Mai

Pfingstmontag

Der 50. Tag nach der Auferstehung Christi markiert das Ende der Osterzeit.

August

Mariä Entschlafung

In ganz Griechenland gedenkt man am 15. August der Muttergottes mit einem großen Fest. Da viele Kirchen Maria geweiht sind, wird das Fest vielerorts auf Mykonos gefeiert; das größte findet in Áno Merá statt.

Oktober

Nationalfeiertag

Am 28. Oktober, dem so genannten Óchi-Tag – »óchi« bedeutet übersetzt »nein« –, wird an den Widerstand gegen den Einmarsch der Italiener im Jahr 1940 erinnert.

Dezember

Weihnachten

Die Griechen messen dem Fest eine geringere Bedeutung bei, als es bei uns üblich ist. Zwar sind die Häuser geschmückt, die Feiern finden jedoch in aller Stille im engsten Familienkreis statt.

MERIAN *live!*-QUIZ

GEWINNSPIEL: Monat für Monat eine Reise und weitere attraktive Preise zu gewinnen!

Um wen, was oder welchen Ort geht es hier?

»Delos, klein, doch überreich an Kultur, bescherte Mathematikern ein kniffliges Problem, das jahrtausendelang viel Kopfzerbrechen kostete. – Den Gesuchten, der heute auf Mykonos lebt, interessiert das vermutlich nicht die Bohne. Er stellt selber ein Rätsel dar.

Das »Delische Problem« entstand wohl 430 v. Chr., als dort die Pest wütete. Die Einwohner befragten das Orakel von Delphi, das ihnen schlicht riet, sie sollten das Volumen ihres würfelförmigen Apollo-Altars verdoppeln. Das klang einfach, war aber – nur mit Lineal und Zirkel – unausführbar. Erst in der Renaissance fand man die notwendigen Gleichungen dritten Grades.

Die Beweisgrundlage, dass die Aufgabe unlösbar war, lieferte gar erst 1832 der Franzose Evariste Galois, kurz vor seinem Duelltod im Alter von 20 Jahren. Ob Galois auch die Formel gefunden hätte, warum der Gesuchte nicht dick wird? Verspeist er doch tagtäglich 10% seines Eigengewichts. Vielleicht hat er daher einen seltsamen Gang. Wie schon sein beliebter Namensvetter und Vorgänger, der 1986 starb.

Zum Trost brachte den Gesuchten übrigens Jackie Kennedy Onassis, schlank wie ein Lineal, mit nach Mykonos. Auch darüber schweigt er, hält die Klappe, die, wenn er gähnt, einem Zirkel gleicht. Inzwischen hat er Gesellschaft von zweien, ihm ähnlicher als Verwandte dritten Grades. Anders als Urlauber könnte er, wenn er wollte, jederzeit den Abflug machen. Aber warum sollte er, verwöhnt, wie er hier wird?«

FELIX WOERTHER

Wenn Sie die Lösung wissen, besuchen Sie uns doch im Internet unter **www.merian.de/quiz** oder senden Sie uns eine E-Mail an **quiz@travel-house-media.de**

Unter den Einsendern verlosen wir Monat für Monat attraktive Preise. Viel Glück!

presented by OLYMPUS

Sport und Strände

Kristallklares Wasser, goldgelber Sand: Die Kykladen rühmen sich der schönsten Strände der Ägäis.

Der von Dünen gesäumte Panórmos-Strand in der gleichnamigen Bucht ist noch wenig überlaufen und bietet genug Platz – auch zum Volleyballspielen.

Sport spielt sich auf Mykonos, wie nicht anders zu erwarten, hauptsächlich auf dem, unter oder im Wasser ab. Kein Wunder, zählen die zahlreichen Strände des Eilands doch zu den schönsten Griechenlands und das Wasser zu den saubersten Gewässern Europas.

Surfer schätzen Mykonos wegen des zuverlässig wehenden Windes: Anfänger können ihre ersten Erfahrungen auf dem Brett sammeln, aber auch Profis kommen auf ihre Kosten. Schnorchler und Taucher kennen die Vorzüge der Gewässer rings um die Insel ebenfalls: Bei Sichttiefen bis zu 40 m im kristallklaren Wasser lässt sich das abwechslungsreiche Terrain der Unterwasserwelt hervorragend erkunden.

An den großen Stränden besteht zudem die Möglichkeit, Wasserski oder Jetski zu fahren, zu segeln oder sich ein Kanu auszuleihen. Eine Fahrt mit dem Bananenboot kostet etwa 15 €, eine Viertelstunde auf dem Jet-Ski 30 € und eine halbe Stunde mit einem der dröhnenden Speedboats immerhin 70 €.

Alle Strände sind in Griechenland grundsätzlich frei zugänglich, ohne dass, wie beispielsweise in Italien oft üblich, eine Gebühr erhoben werden darf. Die regelmäßige Reinigung des Strandes findet allerdings meist nur dort statt, wo auch Sonnenschirme und Liegestühle vermietet werden oder wo sich Hotels in direkter Strandnähe befinden.

Aktivitäten wie Wandern, Mountainbiking oder Rad fahren gehören auf Mykonos zu den kaum praktizierten Sportarten, da die entsprechende Infrastruktur fehlt.

Reiten

Ausritte über die Insel für Anfänger und Fortgeschrittene organisiert die **Agentur Windmills**
Fábrika; Tel. 2 28 90/2 38 77; info@windmills-travel.com

Strände

An schönen Stränden fehlt es auf Mykonos wahrlich nicht. Immer wieder werden einige von ihnen von der Europäischen Union mit der »Blauen Flagge« ausgezeichnet, eine Bestätigung für besonders gute Wasserqualität. Die Strände im Südwesten der Insel sind sicherlich die schönsten des gesamten Eilands, jedoch auch die am stärksten frequentierten. Ruhiger ist es an den Stränden im Südosten der Insel, die allerdings auch etwas schwieriger zu erreichen sind. Ausführlichere Beschreibungen der einzelnen Strände finden Sie im Kapitel »Unterwegs auf Mykonos«. Hier eine Auswahl besonders reizvoller Strände:

Fokós → S. 116, C 6
Hübscher und ruhiger, im Nordosten der Insel gelegener Strand mit Taverne. Der Sand ist hier etwas grobkörnig, die blühenden Sträucher im Frühling dafür umso lohnenswerter.

Kalafáti → S. 120, C 13
Weit entfernt von Mykonos-Stadt ist man dem allgemeinen Strandtrubel an diesem etwa 600 m langen Strand etwas ferner. In Strandlage befinden sich einige empfehlenswerte, aber teure Restaurants. Vor allem Surffreaks kommen hier voll auf ihre Kosten, das notwendige Material kann am Strand ausgeliehen werden. 1

Pánormos → S. 115, E 3
Wenn nicht gerade der heftige Nordwind bläst, ist dieser etwas schwer erreichbare Strand an der Nordküste eine gute Alternative zu den voll belegten Stränden im Süden.

Paradise → S. 119, E 11
Der Name des Strandes steht für viele als Synonym für die Insel selbst. »Dancing, drinking, party« scheinen die meist verwendeten Vokabeln der ausgelassenen Gästeschar. The place to be! 2

Wer auf gute Wasserqualität und erholsame Ruhe Wert legt, ist im Südosten der Insel, wie hier am Panórmos-Strand (→ S. 28), genau richtig.

Super Paradise → S. 119, F 11
Nachdem Paradise Beach von immer mehr Familien und heterosexuellen Paaren besucht wird, ist die Gay-Szene zum Super Paradise Beach weitergezogen. Nacktbadende sonnen sich am westlichen Ende des Strandes.

Tauchen

Wer bereits Taucher ist oder es schon immer werden wollte, findet rings um Mykonos ideale Voraussetzungen dafür. Mykonos gilt als das beste Unterwasserrevier der Ägäis. Die Tauchschulen haben sowohl kurze Schnupperkurse im flachen Wasser als auch eine ein- oder zweiwöchige Ausbildung mit anerkannter Abschlussprüfung (CMAS, PADI, NAUI, YMCA) im Programm. Die Sicht reicht im kristallklaren Wasser bis zu 40 m tief. Erfahrene Taucher können an nächtlichen Tauchgängen oder beim Wracktauchen teilnehmen. Die Bedingungen für Unterwasseraufnahmen sind sehr gut. Tauchmöglichkeiten bietet u.a. der Mykonos Diving Club (Tel./Fax 2 28 90/2 65 39; www.diveadventures.gr und www.divemykonos.gr) und das Mykonos Diving Center, beide am Paradise Beach (→ MERIAN-Tipp, S. 29).

Tennis

Einige größere Hotels verfügen über einen eigenen Tennisplatz, zum Teil sogar mit Flutlicht.

Wandern

Mykonos ist wie die meisten Kykladeninseln aufgrund der recht kargen Landschaft für Wanderfreunde nicht besonders attraktiv. Eine lohnenswerte Wanderung führt von Ágios Stéfanos zum Leuchtturm am Kap Armenistís im Nordwesten der Insel. Ágios Stéfanos ist von Mykonos-Stadt mit dem Bus zu erreichen. Von dort geht es vorbei an der Bucht Houlákia hoch in die Berge bis zum Leuchtturm. Über den Gebirgskamm mit seiner herrlichen Aussicht wandert man hinunter nach Toúrlos, wo erneut eine Busverbindung zurück nach Mykonos-Stadt besteht. Für kleinere Spaziergänge eignen sich die ruhigeren Strände wie Pánormos und Fteliá. Die Strände im Osten der

Insel sind hingegen nur eingeschränkt empfehlenswert, da sie schlecht zu erreichen sind und kaum Einkehrmöglichkeiten bestehen.

Wasserski

Einige Wassersportzentren wie z.B. in Platís Gialós bieten die Möglichkeit, Wasserski zu fahren. 10 Minuten reine Fahrzeit kosten 30 €.

Windsurfen

Eine der besten Adressen für Surfer ist wohl der Sandstrand von Kalafáti. An der dortigen Station von Pezi Huber kann man die nötige Ausrüstung leihen und an Kursen teilnehmen (www.sunandfun.de). Während der Meltémi-Wind in den Morgenstunden üblicherweise noch nicht so stark weht, kann dieser mittags durchaus Windstärke 6 bis 8 erreichen. Die absoluten Könner suchen bei entsprechenden Windverhältnissen gern die noch völlig unbebaute Bucht von Fteliá an der Nordküste auf, einen idealen »wavespot« der Insel.

MERIAN-Tipp

3 Tauschule Mykonos Diving Center

Bei Theódoros Goudís, dem Leiter des Mykonos Diving Center, sind Tauchfreunde bestens aufgehoben. Das 1978 gegründete Tauchcenter kann auf jahrzehntelange Erfahrung zurückgreifen, und ist Anlaufstelle für Anfänger und Fortgeschrittene. Zum Angebot der Tauschschule gehören Tauchgänge für Einzelpersonen (80 € pro Tag mit zwei Tauchgängen, 10 Tauchgänge für 350 €), Wrack- und Höhlentauchen, Schnupperkurse in flachem Wasser für ca. 20 € sowie Schnorchelkurse für 15 €.

Paradise Beach; Tel./Fax 2 28 90/ 2 48 08; www.dive.gr S. 119, D 11

Dem »meltémi« sei dank: Windsurfer finden an vielen Stränden der Insel beste Voraussetzungen für ihren Sport – wie hier an der Ostküste.

Familientipps – Hits für Kids

Klassischer Strandurlaub: Beim Baden und Buddeln im Sand vergnügen sich große und kleine Kinder.

Die sanft abfallenden Strände und die vielfach ausgezeichnete Wasserqualität der Kykladen machen Mykonos zu einem idealen Ziel für Familien mit Kindern.

Wer das erste Mal in Griechenland ist und den Umgang der Einheimischen mit eigenen oder fremden Kindern beobachtet, erlebt ein eigenartiges Paradoxon: Einerseits scheinen Kinder jeder Altersklasse voll in das Leben der Erwachsenen integriert, andererseits wird auf die Bedürfnisse der Kleinen nur wenig Rücksicht genommen. Beides gehört irgendwie zusammen, denn die offenkundige Toleranz der Griechen beispielsweise gegenüber dem Lärm spielender Kinder ist wohl auch darauf zurückzuführen, dass man den Kleinen nicht übertrieben viel Aufmerksamkeit schenkt. So gehört es durchaus zum üblichen Bild, dass Kinder am Abend in Tavernen und Bars mitgenommen werden oder noch bei Dunkelheit – wenn die meisten Kinder hier zu Lande bereits schlafen – draußen spielen und toben. Spezielle Kindermenüs oder auch Kinderstühle sucht man in den Restaurants allerdings vergeblich. Ähnlich unüblich sind auch Kindersitze für das Auto, so dass man bei der Fahrt mit dem Mietwagen besondere Vorsicht walten lassen sollte. Wer lieber erst gar kein Risiko eingehen möchte, sollte den Reboard-Sitz am besten von zu Hause mitnehmen. Viele Fluggesellschaften transportieren den Kinderwagen oder Kindersitz sogar kostenlos. Supermärkte sind auf Mykonos selbstverständlich auf die Bedürfnisse von Kleinkindern eingestellt. Die aus Deutschland gewohnte Auswahl an Babynahrung und Windeln ist auch hier erhältlich.

Urlaub ohne Langeweile

Wie auf den meisten griechischen Inseln gibt es auf Mykonos nur wenige Freizeitangebote speziell für Kinder. Die einzige auch auf Kinder ausgerichtete Anlage der Insel ist **Watermania** oberhalb des Strandes Eliá. Der Wasserpark verfügt über mehrere Rutschbahnen, Badelandschaften und Liegewiesen. Die Anlage ist Mitte Mai bis Mitte Oktober geöffnet, Busverbindungen gibt es täglich vom Busterminal an der Odós Xénias.

Langweilen muss sich trotzdem niemand, bietet doch das Strandleben genug Abwechslung für einen ganzen Urlaub. Vor allem die Strände an der Südküste der Insel sind für Kids bestens geeignet: Sie gehen meist flach ins Wasser über, so dass auch die Kleineren unbeschwert plantschen können. Der feine Sand und das fast überall sehr saubere Wasser lädt zum Buddeln und Spielen ein – und wenn sich dann noch einige Spielkameraden finden, steht dem gelungenen Familienurlaub nichts mehr im Wege. Nur wenn der unangenehme heftige Nordostwind aufzieht, ist es mit dem Badevergnügen vorbei. Viele Hotelanlagen verfügen jedoch über großzügige Swimmingpools, zum Teil mit eigenen Kinderbecken, so dass dann niemand auf Erfrischung im kühlen Nass verzichten muss. Gerade an diesen Tagen sollte man besonders auf einen ausreichenden Sonnenschutz achten. Der erfrischende Wind täuscht oft über die tatsächliche Kraft der Sonne hinweg. Für ältere Kinder, die bereits gut schwimmen können, bietet das Schnorcheln eine interessante Abwechslung. Die felsigen Küstenabschnitte reizen zum Entdecken der Unterwasserwelt. Gerade für Kinder, aber auch für Erwachsene empfiehlt es sich, am Strand Badeschuhe zu tragen. Trotz regelmäßiger Reinigung der großen Strände kann man sich an Glasscherben oder scharfkantigen Felsen leicht verletzen. Außerdem heizt sich der Sand während der heißen Monate Juli und August manchmal derart auf, dass der Weg zum Wasser einem Sprint über glühende Kohlen gleichkommt.

Spannende Unterwasserwelt

Unterwegs auf Mykonos

In der Bucht vor Mykonos-Stadt (→ S. 35) gehen regelmäßig Segelschiffe und Luxusliner vor Anker, die die Ägäis auf ein- bis zweiwöchigen Kreuzfahrten durchqueren. Außerdem legen hier die Ausflugsboote nach Delos an.

Die Schönheit der blendend weißen, quirligen Inselhauptstadt und der traumhaften Strände an der Südküste sind augenfällig. Doch auch weniger bekannte Winkel der Insel haben ihren Zauber.

Mykonos-Stadt

Die Chóra ist attraktiv und exzentrisch zugleich: für viele eine Liebe auf den ersten Blick.

Weithin sichtbar stehen Windmühlen (→ S. 44) als Wahrzeichen über der Stadt. Bis ins 19. Jahrhundert dienten die Mühlen noch zum Mahlen von Getreide.

Mykonos-Stadt → S. 118, C 9

5000 Einwohner
Stadtplan → S. 37

Blendend weiße, würfelförmige Häuser, verschlungene Gassen, völlig frei von störendem Autoverkehr ... Vor allem Ästheten kommen leicht ins Schwärmen, kommt die Sprache auf Mykonos-Stadt. Die berühmte Architektur der Kykladeninseln ist hier in einer Reinheit bewahrt wie sonst nirgendwo in Griechenland. In der leuchtenden Silhouette der Inselhauptstadt aus schlichten, aber anmutigen zweistöckigen Bauten setzen nur die bunt gestrichenen Balkone und Fensterläden passend und gekonnt Akzente. Bei aller Einheitlichkeit im Stil sind es die kleinen Winkel und Ecken, die Verzierungen der Schornsteine und der individuelle, farbenprächtige Blumenschmuck, die immer wieder neue Eindrücke bieten. Streng wacht die Verwaltung der Insel darüber, dass diese architektonische Geschlossenheit nicht durch unschöne Neubauten zerstört wird; für Griechenlandkenner eine ebenso wohltuende Überraschung wie die autofreien Straßen der Chóra.

Mykonos hat sich äußerlich wie auch in seinem Rhythmus ganz auf die Besucher aus aller Welt eingestellt: Restaurants, Geschäfte, Bars – während der Saison von Anfang Mai bis Ende Oktober sind Ruhetage undenkbar, denn von morgens bis in die späte Nacht tut man alles, um die Wünsche der Gäste zu erfüllen – und um Geschäfte zu machen. So kommt die Stadt eigentlich nie zur Ruhe, sie lädt ein zum Bummeln an der Hafenpromenade oder zum Einkaufen in einem der unzähligen kleinen Läden und Boutiquen; sie verführt zum süßen Nichtstun in einer der Bars in »Klein-Venedig« und lässt für viele die Nacht zum Tage werden. Auf Mykonos gibt es unzählige Möglichkeiten, aus dem angebotenen 24-Stunden-Programm einen individuellen Tagesablauf zusammenzustellen.

Die Vergangenheit von Mykonos-Stadt oder Chóra wurde nicht von spektakulären Ereignissen geprägt, die in die offizielle Geschichtsschreibung Eingang gefunden hätten. Eine Festung im Nordwesten der Chóra, dort, wo sich heute die berühmte Kirche Paraportianí erhebt, bildete bis in das 17. Jh. hinein den Kern der Stadt. Erst mit anwachsender Bevölkerung wurde der Festungsgürtel allmählich zu eng, und die Häuser begannen sich nach allen Seiten auszudehnen, ein Wachstum, das heute noch anhält.

Hotels/andere Unterkünfte

Belvedere → S. 37, C 5
Da das Hotel oberhalb der Altstadt gelegen ist, genießt man von hier aus einen traumhaften Blick über die Stadt und das Meer. Für die Einrichtung und Gestaltung der Zimmer wurden hauptsächlich natürliche Materialien wie Holz und Stein verwendet. Großer Poolbereich, Fitnessraum, Jacuzzi. Das Hotel ist vor allem bei Athenern, die es sich leisten können, beliebt, das Preisniveau entsprechend hoch. So kostet das Frühstück etwa 20 €.
An der Umgehungsstraße Ag. Ioánnou; Tel. 2 28 90/2 51 22, Fax 2 51 26; www.belvederehotel.com; eigener Parkplatz; ganzjährig geöffnet; 45 Zimmer ●●●● CREDIT ♿

Semeli → S. 37, C 5
Wer modernes und elegantes Ambiente liebt, wird sich im Semeli wohl fühlen: freundliche Atmosphäre, edel und individuell ausgestattete Suiten, zum Teil auf zwei Ebenen. Von vielen attraktiven Pflanzen eingerahmter Swimmingpool.
Lákka; Tel. 2 28 90/2 74 66, Fax 2 74 67; www.semelihotel-mykonos.com; ganzjährig geöffnet; 60 Zimmer ●●●● CREDIT

Ein Refugium mit Stil ist das oberhalb der Altstadt gelegene Hotel Belvedere (→ S. 35).

Carbonáki → S. 37, b 5
Hübsch gestaltetes, vor allem bei deutschen Gästen wegen seiner ungezwungenen Atmosphäre beliebtes kleines Hotel. Unweit des Amphitheaters, nur wenige Schritte bis ins Zentrum und doch ruhig gelegen. Ein kleiner Swimmingpool sorgt für Abkühlung.
Panachrántou 23; Tel. 2 28 90/2 41 24 oder 2 71 24, Fax 2 41 02; www.carbonaki.gr; 21 Zimmer ●●●

Élena → S. 37, c 5
Das Élena zählt viele Stammgäste, die die familiäre Atmosphäre des einfach eingerichteten Hotels schätzen. Ruhige Lage im oberen Teil der Altstadt gleich neben dem Amphitheater. Von der oleandergesäumten Terrasse hat man einen schönen Blick über die Stadt.
Rochári; Tel. 2 28 90/2 34 57 oder 2 28 90/2 41 34, Fax 2 34 58; ganzjährig geöffnet; 30 Zimmer ●●● AmEx MASTER VISA

Elysium → S. 37, c 6
Vor allem in der Gay-Szene sehr beliebtes, komfortables Hotel oberhalb der Kunstakademie. Herrlicher Panorama-Blick über Stadt und Meer. Großer Pool, Fitnesscenter, Jacuzzi, Sauna, gut ausgestattete Standard-Zimmer, Deluxe-Zimmer sogar mit Internetanschluss und Webcam. Am Abend Travestieshows.
Kunstakademie; Tel. 2 28 90/2 39 52, Fax 2 37 47; www.elysiumhotel.com; 42 Zimmer ●●● CREDIT

Poseidon → S. 37, südl. b 6
Am oberen Stadtrand der Altstadt an der Straße nach Ornós, zehn Minuten zu Fuß ins Zentrum. Panoramablick über die Stadt und das Meer, großer Swimmingpool. Schöne, helle Zimmer, einige mit Aussicht auf die berühmten Windmühlen und die Insel Delos.
Vida; Tel. 2 28 90/2 24 37 oder 2 44 41-2, Fax 2 38 12; www.poseidonhotel-mykonos.com; 58 Zimmer ●●● AmEx MASTER VISA

Mykonos-Stadt
Fähranlegestelle
Archäologisches Museum
OTE
Agía Ánna
Boote nach Délos
Volkskundliches Museum
Rathaus
Ágios Nikólaos
Kástro
Paraportiani
Platía Agía Moni
Hafenpromenade
Platía Mantó Mavrogénous
Agía Kiriakí
Bonis Windmühle
Venetía
Alefkándra
Panagía Theotókos Pigadiótissa
Panagía Rosario
Kino
Haus der Lena
Seefahrtsmuseum
Kulturzentrum
Panachrou
Platía Lákka
Amphitheater
Platía Niochóri
Ag. Stephanou
Ag. Ioánnou
Ag. Kiriakis
Georgouli
Matogiánni
Zouganeli
Mavrogeni
Agia Annas
Kalógera
Enóplon Dinámeon
Xénias
Ipirou
Tourlianis
Psarrou
Rochári
Laka
Artemiou
0 180 m
© MERIAN-Kartographie

Rochári S. 37, b 5
Traditionsreiches, häufig ausgebuchtes Hotel im oberen Teil der Altstadt. Sehr schöner Blick auf die umliegenden Häuser, netter Pool, großer eigener Parkplatz.
Tel. 2 28 90/2 31 07, Fax 2 43 07; www.rochari.com; 60 Zimmer ●●● CREDIT

Philíppi S. 37, b 4
Altstadthotel, zum Teil mit Etagenduschen. Einige Zimmer verfügen über einen Balkon mit Blick auf den kleinen Garten.
Kalógera 25; Tel. 2 28 90/2 22 94, Fax 2 46 80; E-Mail: chriko@otenet.gr; 13 Zimmer ●● bis ●●● AmEx MASTER VISA

Zorzís S. 37, b 4
Imposantes Gebäude aus dem 16. Jh. im Herzen der Chóra. Die Zimmer sind luxuriös und geschmackvoll mit Antiquitäten eingerichtet.
Kalógera 30; Tel. 2 28 90/2 21 67 oder 2 41 68, Fax 2 41 69; www.zorzishotel.com; 10 Zimmer ●● bis ●●●

SPAZIERGANG

Durch die Gassen der Altstadt

Der erste Weg eines jeden Besuchers führt in das labyrinthische Gassengewirr der Altstadt, und fast jeder erlebt das Gleiche: Irgendwann weiß man nicht mehr, wo man ist. Doch keine Sorge, so groß ist die Chóra nicht, und irgendwann beginnt man, ein Gefühl für die richtige Orientierung zu entwickeln. Bis es soweit ist, tröste man sich damit, immer einen hilfsbereiten Menschen nach dem Weg fragen zu können. Eine andere Möglichkeit, die meistens funktioniert, ist, einfach so lange weiterzugehen, bis man wieder am Wasser steht, denn dort enden automatisch alle Wege.

Der Rundgang startet am südlichen Ende der **Hafenpromenade**. Von der dortigen Platía Mantó Mavrogénous gehen mehrere Gassen in westlicher Richtung ab. In den parallel verlaufenden Sträßchen Mavrogénous, Zouganéli und Matogiánni – der zentralen Flaniermeile der Stadt – reiht sich ein Geschäft an das andere. Ju-

In den Altstadtgassen trifft man nur noch selten auf solch ungewöhnliche Transporte.

weliere, Modegeschäfte, Boutiquen und Läden für Kunst und Kitsch warten bis in den späten Abend auf Kundschaft. Am Anfang der Matogiánni-Gasse erhebt sich die Kirche **Agía Kiriakí**, deren Ikonostase und Ikonen einen Besuch wert sind. Folgt man der vor allem in den Abendstunden lebhaften Matogiánni, erreicht man nach der Kreuzung mit der Gasse Kalógera linker Hand das Kulturzentrum. In den Sommermonaten finden hier Ausstellungen und Theateraufführungen statt. Gleich dahinter ein weiteres Gotteshaus, die Kirche **Panachroú**.

Hält man sich am Ende der Matogiánni rechts, steht man nach wenigen Schritten vor dem **Haus der Léna**. In drei original eingerichteten Räumen wird dort die Wohnkultur vergangener Jahrhunderte lebendig (→ S. 46). Direkt daneben bietet das **Seefahrtsmuseum** Interessierten anhand von Modellen, Karten und Dokumenten einen Einblick in Alltag und Geschichte der Seefahrt (→ S. 47).

Der Spaziergang führt weiter bis zur Gasse Mitropóleos. Unweit der Kreuzung lohnt eine noch traditionell arbeitende Bäckerei einen Abstecher in die kleine Gasse Efthímios. Von der Mitropóleos zweigt auch die Meleotopoúlou ab, in der das im Sommer geöffnete **Kino Cine Mantó** liegt (Filme zumeist in Originalsprache). Der kleinen Gasse Gerasímou folgend erreicht man bald wieder die Uferpromenade.

Dauer: 20 Minuten (ohne Museumsbesuch)

MERIAN-Tipp

4 Karolina – Aussteigerin und Malerin

Jeder auf Mykonos kennt sie, und auch den Stammgästen der Insel – von denen es nicht wenige gibt – ist sie vertraut: Karolina, eigentlich Amerikanerin, hat am Hafen ihren Stammplatz. Ihren Lebensunterhalt verdient die Malerin, die vor über 40 Jahren auf die Insel kam und seinerzeit bei dem österreichen Expressionisten Oskar Kokoschka studierte, mit dem Verkauf ihrer Bilder. Ihre Inspiration erhält Karolina aus ihrer direkten Umgebung: Windmühlen, Hafen, Boote und Fischer. Die Gemälde, die Sehnsucht nach vergangenen Zeiten auszudrücken scheinen, schmücken zahlreiche Villen der Insel. Sogar Berühmtheiten wie der Geiger Yehudi Menuhin sollen zu Karolinas Kunden gehört haben. → S. 37, b 3

Entlang des Ufers

Ausgangspunkt des Spaziergangs ist der Hafen, an dem sich auch ein großer kostenloser Parkplatz befindet. In der Nähe des Yachthafens ist das **Archäologische Museum** (→ S. 44) untergebracht. Wer sich für die frühe Geschichte der Region interessiert, findet hier vor allem Ausgrabungsstücke der nahen Insel Rhénia, aber auch einige auf Mykonos gefundene Schätze. Die Zahl der Exponate ist überschaubar, länger als eine halbe Stunde verweilen nur wenige Besucher. Vorbei an dem kleinen Strand, Agía Ánna, der aufgrund seiner Lage am Hafenbecken zum Baden kaum geeignet ist, erreicht man die **Platía Mantó Mavrogénous**, einen der größten Plätze der Innenstadt. Die Platía ist nach der berühmten mykoniotischen Nationalheldin benannt, die 1822 den Freiheitskampf gegen die türkischen Besatzer organisiert hat. Weiter geht es auf einer breiten Promenade im alten Teil des Hafens. Die zahlreichen Cafés, Bars und Tavernen laden dazu ein, das rege Treiben der an- und abfahrenden Schiffe, Flaneure und Einheimischen zu beobachten. Hier im alten Hafen legen auch die farbenfrohen Fischerboote an, um ihren frischen Fang frühmorgens zu verkaufen. Zu dieser Zeit gehört die Stadt noch den Mykonioten: Nach dem Einkauf lässt man sich gern zu einem Kaffee und einer Plauderei nieder. Um diese Zeit besteht auch die beste Möglichkeit, Pétros, dem Pelikan, oder einem seiner Artgenossen zu begegnen.

Vorbei an der kleinen Kirche Ágios Nikólaos, dem hl. Nikolaus, Schutzpatron der Seeleute, gewidmet, passiert man das **Rathaus**, welches Ende des 18. Jh. von einem russischen Konsul errichtet wurde. Es ist das einzige Haus der Stadt, das ein rotes Ziegeldach trägt. Wir erreichen nun das älteste Viertel der Stadt, das Burgviertel (**»kástro«**). Von den Festungsanlagen, die die Venezianer im 13. Jh. errichten ließen, sind jedoch nur noch spärliche Überreste vorhanden. Versetzt hinter dem Rathaus erscheint die nüchterne Fassade der ersten Schule von Mykonos, die im Jahr 1858 als Stiftung eines wohlhabenden Mykonioten ihre Pforten öffnete und bis in die 30er-Jahre des letzten Jahrhunderts als Schulgebäude diente. Hier wurde vor kurzem mit der Ausgrabung einer prähistorischen Siedlung begonnen: Bestätigung dafür, dass dieses Fleckchen der Insel schon früh als Wohnstätte genutzt wurde. In unmittelbarer Nähe der alten Schule erstreckt sich eine lange Mole ins Meer. Von hier starten täglich – soweit es das Wetter erlaubt – die kleinen Boote zur Nachbarinsel Delos. Einen Besuch dieser zum Weltkulturerbe erklärten historischen Stätte sollte kein Besucher versäumen. Nur wenige Schritte entfernt liegt das **Volkskundliche Museum** in einem Kapitänshaus aus dem 18. Jh. Ausgestellt sind Hausrat und Kleidungsstücke aus vergangenen Jahrhunderten (→ S. 47).

Daneben erhebt sich mit der Kirche **Panagía Paraportianí** (→ S. 42) eines der beliebtesten Motive der Insel überhaupt. Eigentlich besteht die Anlage aus fünf ineinander verschachtelten Kirchen und Kapellen. Die weiße, asymmetrische Fassadengestaltung fordert nicht nur Fotografen heraus; sie ziert viele Postkarten und Gemälde von Mykonos.

Unmittelbar an das Kástro-Viertel schließt sich das **Venetía-Viertel** an, aufgrund seiner malerischen Balkons und Erker zum Wasser hin auch »Klein-Venedig« genannt. Im weiteren Verlauf des Spaziergangs erreicht man das **Alefkándra-Viertel**, zu dem auch ein kleiner Sandstrand gehört. Zusammen mit »Klein-Venedig« ist Alefkándra einer der beliebtesten Orte für einen abendlichen Drink bei Sonnenuntergang.

Hinter dem Sandstrand liegen, etwas zurückversetzt, die orthodoxe Bischofskirche der Stadt, Panagía Theotókos Pigadiótissa, und die römisch-katholische Kirche Panagía Rosario. Hoch oben auf der Anhöhe, über Stufen erreichbar, grüßen die Wahrzeichen der Insel, einige der erhalten gebliebenen **Windmühlen**.

Dauer: 30 Minuten (ohne Museumsbesuch)

Sehenswertes

Altstadtgassen → S. 37, b 4/5

Die autofreien Altstadtgassen der Chóra erlauben ungestörtes Bummeln und Flanieren, und das zu jeder Tages- und Nachtzeit. In den Sommermonaten bahnen sich lediglich die kleinen dreirädrigen Versorgungsfahrzeuge ihren Weg durch die Stadt. Vor allem in den Vierteln rund um den Hafen bestimmen Geschäfte, Bars und Restaurants das Geschehen. Immer wieder entdeckt man neue Winkel, hübsche Cafés oder versteckte Ladenlokale. Konsum und Ästhetik sind in den Altstadtgassen der Chóra eine gelungene Verbindung eingegangen. Die Gassen konnten ihren Charme aus vergangenen Jahrhunderten erstaunlich gut bewahren. Steigt man etwas weiter hoch Richtung Amphitheater oder Áno Míli, nimmt der Betrieb auf den Straßen ab. An manchen Stellen begegnet man nur noch wenigen Touristen.

In den frühen Morgenstunden verkaufen die Fischer ihren nächtlichen Fang direkt am Hafen an Einheimische und Restaurantbesitzer.

Hafen → S. 37, b 3

Traditionell bildet der Hafen das Herz jeder Inselhauptstadt, so auch in Mykonos-Stadt. Tavernen und Cafés, Geschäfte und Boutiquen nehmen einen großen Teil der Häuser am Hafenrund ein; die breite Promenade davor lockt Touristen und Einheimische gleichermaßen zum gemütlichen Flanieren, auch wenn Touristen während der Sommermonate deutlich in der Überzahl sind. Die Bewohner der Insel trifft man hier am ehesten in den frühen Morgenstunden, wenn die Fischer zurückkehren und auf den steinernen Tischen am Hafen ihren Fang darbieten. Dann fachsimpeln Restaurantbesitzer und Hausfrauen gleichermaßen über die Qualität der Fische, dann lässt sich noch am ehesten ein Stück griechischen Alltagslebens wahrnehmen. Und wo es frischen Fisch gibt, da ist auch Pétros, das Inselmaskottchen, oder einer seiner Kollegen nicht fern. Während im mittleren Teil des Hafens bunte Fischerboote und private Yachten ankern, ist die westliche Mole den Schiffen nach Delos vorbehalten, die von hier aus jeden Vormittag die nicht weit entfernten Ausgrabungsstätten ansteuern. An der großen östlichen Mole legen die Fährschiffe aus Athen und von den anderen griechischen Inseln an. Der kleine Sandstrand Agía Ánna im Südteil des Hafenrunds dient manchen für ein kurzes Sonnenbad vor Abfahrt des nächsten Schiffes, zum Baden bietet die Insel weitaus geeignetere Strände.

Kástro (Burgviertel) → S. 37, a 3

Das Burgviertel zählt vermutlich zu den ältesten besiedelten Plätzen der Insel, wie jüngste archäologische Grabungen ergaben. Die kleine Burg, die sich einst hier befand, wurde von den Venezianern im 13. Jh. errichtet. Erstmals erwähnt wurde sie im Jahr 1420 auf der Karte eines Florentiner Geistlichen. Der Ort war gut gewählt, schützten doch Klippen und heftige Nordwinde vor ungebetenen Gästen. Darüber hinaus sorgte ein Süßwasserbrunnen für die Versorgung mit Trinkwasser. Die Festung, die seinerzeit eine Fläche von ca. 80 mal 90 m bedeckte, bestand aus einer ummauerten Siedlung, in der die Außenmauern der Häuser die Funktion einer Festungsmauer übernahmen. Die Mauer war zusätzlich mit Türmen gesichert. Von der eigentlichen Festungsanlage ist kaum noch etwas erhalten. Nur die Kirche Paraportianí erinnert in ihrem Namen an deren Existenz.

An der Platía Agía Moní gibt es mehrere Kirchen, von denen die Agía Eléni die wohl interessanteste darstellt. Die zweischiffige, von einem Gewölbe überspannte große Basilika bildete bis 1878 die Hauptkirche der Insel. Die holzgeschnitzte Ikonostase und ihre Ikonen aus dem 17. und 18. Jh. lohnen einen Blick in die Kirche. Die Alte Schule östlich davon hat der in Ägypten lebende Mykoniote Márkos Mávros gestiftet. Sie wurde nach Plänen eines bayrischen Ingenieurs namens Weiler 1858 erbaut und bis 1934 ihrem ursprünglichen Zweck entsprechend genutzt.

Panagía Paraportianí → S. 37, a 3

4

Dieser eigenwillige Kirchenbau liegt im alten Kástro-Viertel im Norden der Stadt. Die Kirche besteht aus fünf ineinander verschachtelten Kirchen bzw. Kapellen, von denen vier im Erdgeschoss liegen – Ágii Anárjiri, Ágios Efsthátios, Ágios Sóson und Agía Anastasía –, während die namensgebende Kirche Paraportianí darüber thront. Der Name erinnert daran, dass sie sich in der Nähe eines kleinen Tores (»Parapórti«) der einstigen Festungsanlage befand. Die meist verschlossenen Gotteshäuser bieten im Inneren kaum Interessantes. Es ist die über mehrere Jahrhunderte gewachsene asymmetrische Formgebung, es sind die vielfältigen Rundungen, Bögen und Abstufungen, die das Interesse der Besucher auf sich ziehen. Vermutlich wurde die Kirche zwischen dem 15. und 20. Jh. in verschiedenen Abschnitten errichtet, doch können Teile durchaus älteren Datums sein. Von einem kleinen Plateau gleich neben der Kirche bietet sich die schönste Perspektive auf die sakrale Anlage.

Ein einzigartiges architektonisches Ensemble bildet die Panagía Paraportianí. Kein Wunder, dass sie die wohl am häufigsten fotografierte Kirche der Kykladen ist.

Die italienisch inspirierten Häuserfronten im Viertel Klein-Venedig erinnern an die mykoniotische Tradition als Insel der Seefahrer.

Venetía-Viertel (»Klein-Venedig«)
→ S. 37, a 4

Ein wenig vom morbiden Charme Venedigs verbreitet jene Häuserreihe, die dem südlich an das Kástro-Viertel anschließenden Venetía-Viertel seinen Namen gegeben hat: Farbig bemalte Balkone und hölzerne Erker kleben an weißen Hauswänden direkt über dem Wasser. Die Wellen nagen immer wieder an Mauern und hölzernen Stützpfeilern und fordern ihren Tribut – wie auch in der weltberühmten Lagunenstadt. Kein Wunder, dass diese für Griechenland ungewöhnliche, an das italienische Erbe erinnernde Architektur eine Vielzahl von Postkarten schmückt. Die Häuser aus dem 17. und 18. Jh. besaßen Tore zum Meer hin, so dass Kapitäne – aber auch Piraten – ihre Waren einfach von den Booten in die Häuser transportieren konnten. Heute sind in vielen Häusern Bars und Geschäfte untergebracht. Wer »in« sein will, verabredet sich hier zu einem Cocktail bei Sonnenuntergang.

5

Alefkándra-Viertel → S. 37, a 4

Unmerklich geht das Venetía-Viertel in das Alefkándra-Viertel über, in dem abends ebenfalls geschäftiges Treiben herrscht. Auch hier säumen Kapitänshäuser aus dem 17. und 18. Jh. die Küste. Das Viertel reicht bis zu einem kleinen Sandstrand unterhalb der fünf Windmühlen. Etwas zurückversetzt erhebt sich die orthodoxe Bischofskirche der Insel, Panagía Theotókos Pigadiótissa, die ihrem »Rang« entsprechend äußerst reichhaltig ausgestattet ist. Gleich daneben steht die einzige römisch-katholische Kirche der Insel, erbaut im Jahr 1688. Sie ist der Muttergottes geweiht und trägt den Namen Rosario (Unsere Dame des Heiligen Rosenkranzes). Bei einem Brand 1991 wurden Teile des Altars zerstört, darunter auch das kostbare aus Venedig stammende Altarbild der Muttergottes aus dem Jahr 1715, das jedoch restauriert werden konnte. Während der Sommermonate finden hier auch Gottesdienste statt.

Windmühlen → S. 37, a 5
Die fünf Windmühlen oberhalb des Alefkándra-Viertels werden als Káto Míli bezeichnet, Untere Windmühlen. Sie gehören untrennbar zum Panorama der Stadt und sind mittlerweile so etwas wie ein Wahrzeichen der Insel, auch wenn sie nicht mehr zum Mahlen von Getreide genutzt werden. Über ein Dutzend solcher Windmühlen soll es einst auf Mykonos gegeben haben, die aufgrund des starken Windes sogar Getreide von anderen Inseln verarbeiteten. Deshalb war es damals auch verboten, Häuser in der Nähe der Windmühlen zu errichten, die den Wind beeinträchtigen könnten. Im Stadtgebiet gibt es noch weitere Windmühlen, wie z. B. Bonis Windmühle, ein kleines landwirtschaftliches Freilichtmuseum (→ S. 46) sowie einige neu errichtete Bauten.

MUSEEN

Archäologisches Museum
→ S. 37, c 2
In diesem neoklassizistischen Gebäude aus den Anfängen des 20. Jh. erhält der Besucher einen Einblick in die frühe Vergangenheit der Region. Die meisten Exponate stammen von der nicht weit entfernten Insel Rhénia, da auf Mykonos selbst nur wenige bedeutende Funde gemacht wurden. Auch die Ausgrabungsgegenstände von Rhénia sind eigentlich der historisch bedeutsameren Insel Delos zuzurechnen: Dort fand im Jahre 426 v. Chr. die zweite so genannte Katharsis statt, ein religiös begründeter Reinigungsprozess, bei dem alle Gräber von der Insel entfernt und nach Rhénia gebracht wurden. Seit jener Zeit durften auf Delos auch keine Kinder mehr geboren werden.

6

Einst Mittel zum Zweck des Getreidemahlens, heute typischer Bestandteil des Stadtbildes: die fünf Windmühlen. Früher wurde auch das Getreide von anderen Inseln auf Mykonos gemahlen.

Rundgang

Gleich im Eingangsbereich hinter der Kasse steht man dem imposanten Torso des Herakles gegenüber, der – zwar ohne Kopf – anhand der Keule und des Löwenfells gut zu erkennen ist. Im selben Saal befindet sich eine Skulptur Aphrodites, der griechischen Göttin der Liebe. Der anschließende Saal enthält das Prunkstück des Museums, eine **tönerne, knapp 1,50 m große Amphore** aus der ersten Hälfte des 7. Jh. v. Chr., die vermutlich aus einer bedeutenden Werkstatt auf Tinos stammt. Sie wurde 1962 in Mykonos-Stadt bei den Tría Pigádia-Brunnen entdeckt. Die noch erhaltenen Teile der Abbildung zeigen Szenen des Trojanischen Krieges. Am Hals der Amphore ist das berühmte hölzerne Pferd dargestellt, mit dem die Griechen – so der Mythos – durch eine List Zugang nach Troja fanden und dadurch die Stadt erobern konnten. Zu erkennen sind die Räder, auf denen das Pferd gerollt wurde, und sieben quadratische Öffnungen im oberen Teil des Pferdes, hinter denen Köpfe von Kriegern zu sehen sind. Einige bewaffnete Krieger haben das Versteck bereits zum Kampf verlassen. Die darunter liegenden Reliefs sind in einzelne Szenen aufgeteilt und zeigen die Grausamkeit des Krieges: Soldaten ermorden hilflose Kinder, Frauen flehen Kämpfer um Gnade an, und selbst Blutvergießen ist zu sehen.

In den Vitrinen dieses Saales sind zahlreiche **Gefäße unterschiedlicher Werkstätten** ausgestellt, zum Teil verziert mit orientalisierenden Elementen, göttlichen Gestalten wie Zeus oder Hermes sowie Vögeln und anderen Tieren. Die Funde in Saal B, rechts von der Eingangshalle, reichen bis in das 9. Jh. v. Chr. zurück. Häufig sind sie ornamental mit Kreisen, Wellenlinien und Rhomben reich verziert oder mit figürlichen Darstellungen wie Tiermotiven, Fabelwesen und menschlichen Gestalten versehen. Unter der Nummer B 685 verdient ein Gefäß Beachtung, das die freundlich dreinblickende Büste eines jungen Mädchens mit großen Augen schmückt. Die Exponate im Saal dahinter stammen teilweise von Mykonos selbst und reichen bis in die protokykladische Zeit (3. Jahrtausend v. Chr.) zurück. Darunter sind zahlreiche **Werke der Kleinkunst** aus Glas und Alabaster sowie Schmuckstücke und Eisensicheln. Die fein gearbeiteten Gefäße aus Marmor (5. Jh.) stammen ursprünglich aus Paros (Vitrine 16). Gleich daneben (Vitrine 15) entdeckt man die Statuette einer Wölfin, die der Legende nach einst Romulus und Remus säugte. Auffallend auch die **kleine Skulptur des ägyptischen Gottes Horus** (von den Griechen als Harpokrates hellenisiert), der auf einem überdimensionalen Phallus reitet.

Einige weitere schöne Stücke findet man in Saal E links der Eingangshalle. Es handelt sich dabei um so genannte **»schwarzfigurige« Gefäße** attischer Herkunft aus archaischer und klassischer Zeit. Die schwarzen Figuren auf rotem Ton stellen Szenen von Wettkämpfen und kriegerischen Auseinandersetzungen dar (Vitrine 37), fein gezeichnete Pferdeköpfe (Vitrine 35), Heldentaten des Herakles (Vitrine 35) oder den Mythos des Odysseus (Vitrine 40).

Das Museum besitzt auch einige schöne Exemplare der so genannten **»rotfigurigen« Technik**. Im Gegensatz zu den »schwarzfigurigen« Gefäßen ist der glänzend schwarze Untergrund mit fein gemalten roten Figuren bedeckt. Gleich vorne am Eingang ziehen drei Vasen mit Hochzeitsszenen die Aufmerksamkeit auf sich, die auf Gräbern von Jungfrauen entdeckt wurden (1. Hälfte 5. Jh.). Die Bildmotive zeigen Hochzeitsvorbereitungen, tanzende junge Frauen, die von einer Lyraspielerin begleitet werden, und das Überreichen der Hochzeitsgeschenke. Sehr schön auch die Darstellung einer sitzenden Braut (Vitri-

Das Prunkstück des Archäologischen Museums (→ S. 44), eine antike Amphore, zeigt Szenen des Trojanischen Krieges. Sie stammt vermutlich aus dem 7. Jahrhundert v. Chr. und wurde 1962 bei Ausgrabungen entdeckt.

ne 39), von interessanten geometrischen Bändern eingerahmt. Im letzten Saal schließlich sind hauptsächlich **Stelen** ausgestellt, die auf den Kykladen als Grabsteine dienten. Sie zeigen ineinander verschlungene Hände als Zeichen des Abschieds der Lebenden von den Toten und sind häufig mit giebel- oder bogenförmigen Elementen und Säulen verziert.

Ag. Stefanou; Di–So 8.30–15 Uhr; Eintritt 2 €; Beschriftungen in Griechisch und Englisch

Boni's Windmühle (Landwirtschaftliches Museum) → S. 37, c 3

Im Mittelpunkt des kleinen landwirtschaftlichen Freilicht-Museums steht eine große Windmühle aus dem 16. Jh., die noch heute betriebsbereit ist. Zum Museum gehört eine Sammlung landwirtschaftlicher Geräte und Maschinen; es gibt einen Dreschplatz zur Verarbeitung des Getreides, eine Weinpresse, einen Wassertank, ein Taubenhaus, das alte Wohnhaus des Müllers und zwei kleine Zwillingskapellen. Alljährlich findet hier im September ein Weinfest statt, bei dem Trauben mit bloßen Füßen zerstampft werden und nach alter Sitte zubereitetes Brot gebacken wird. Von hier oben genießt man einen schönen Blick auf die Stadt.

Ag. Ioánnou, Áno Míli (Obere Mühlen); Juni–Sept. tgl. 16–20 Uhr; Eintritt frei

Haus der Léna → S. 37, b 4

Unmittelbar neben dem Seefahrtsmuseum befindet sich das Haus der Léna, das Teil des Volkskundlichen Museums ist. Das knapp 300 Jahre alte Haus vererbte der Besitzer, ein vermögender Reeder, 1970 an die Stadt Mykonos. Darin lebte von 1884 bis 1970 eine unverheiratete Frau namens Lena (Eléni), die dem winzigen Museum den Namen gab. Erhalten blieben vor allem Einrichtungsgegenstände, Schmuck und Geschirr ihrer Eltern, die von einem gewissen Wohlstand zeugen und einen guten Ein-

blick in die bürgerliche Lebenswelt des 19. Jh. geben. Der Salon ist mit historischen Möbeln, Teppichen und Spiegeln ausgestattet, es gibt einen dreifüßigen Ofen und – vermutlich eine Seltenheit zu damaliger Zeit – ein steinernes Bidet. Im Garten ist außerdem ein Taubenhaus erhalten.
Énoplon Dynámeon (Dreibrunnenplatz); tgl. außer So von April–Okt. 18.30–21.30 Uhr; Eintritt 2 €

Seefahrtsmuseum → S. 37, b 4
Das kleine Navtikó Mousío, in einem ehemaligen Kapitänshaus am Dreibrunnenplatz untergebracht, wurde 1985 von dem aus Mykonos stammenden Reeder Drakópoulos gegründet. Die ausgestellten Exponate reichen bis in die vorminoische Zeit zurück und enden mit dem beginnenden 20. Jh. Alte Landkarten, Manuskripte und Stiche beleuchten verschiedene Epochen, zahlreiche nautische Instrumente und detailreich gestaltete Modelle geben einen Einblick in die Geschichte der ägäischen Seefahrt und ihre Bedeutung für die Insel Mykonos. Eine Sammlung seltener Münzen mit Abbildungen aus dem Bereich der Seefahrt umfasst den Zeitraum vom 5. vorchristlichen Jh. bis zum 5. Jh. n. Chr. Auch der grüne Hinterhof mit seinen Palmen und Olivenbäumen dient als Ausstellungsfläche. Nachbildungen von Grabstelen aus Mykonos und Delos berichten in Wort und Bild vom Schicksal ertrunkener Seeleute. Reste von Schiffswracks – Steuerräder, Taue und Anker – erinnern an Tragödien auf hoher See. Sogar die Spitze eines echten Leuchtturms ist im Garten aufgebaut: Das Signal wurde 1890 am Kap Armenistís errichtet, nachdem dort ein britisches Dampfschiff gesunken war. Der alte Leuchtturm war bis 1983 in Betrieb, bevor er von einer moderneren Anlage ersetzt wurde.
Enóplon Dynámeon (Dreibrunnenplatz); tgl. 10.30–13 und 18.30–21 Uhr; Eintritt 2 €

Volkskundliches Museum → S. 37, a 3
Die 1958 ins Leben gerufene volkskundliche Sammlung ist in einem alten Kapitänshaus im ehemaligen Burgviertel der Stadt untergebracht. Das Museum mit seinen sechs Räumen zeigt das Alltagsleben der Inselbewohner im 18. und 19. Jh. Im ersten Raum sind mehrere Lithographien ausgestellt, daneben zahllose Teller sowie Puppen in historischer Kleidung. Stolz ist man auch auf die Sammlung alter Schlösser und Schlüssel. Eine originalgetreu eingerichtete Küche mit Hausrat bildet den Schwerpunkt des Museums. Neben Keramiken sind auch zahlreiche Stickereien und Webarbeiten ausgestellt, für die Mykonos einst berühmt war. Im Keller des Museums gibt es eine Abteilung, die sich mit der Seefahrt beschäftigt: Hier kann man Schiffskanonen, mehrere Schiffsmodelle, einige Originalteile sowie Karten und Bilder von Schiffen bewundern.
Enóplon Dynámeon (Dreibrunnenplatz); tgl. 17.30–20.30 Uhr (So nicht immer geöffnet); Eintritt 2 €

Essen und Trinken

Katrin's → S. 37, b 4
Das versteckt im Gassengewirr hinter der Hafenpromenade liegende Restaurant gilt nicht nur auf Mykonos als ausgezeichnetes Restaurant, sondern auch in ganz Griechenland. Die »Nouvelle Cuisine« Frankreichs und die griechische Küche sind hier eine gelungene und edle Verbindung eingegangen. Erste Adresse für Gourmets. Reservierung dringend erforderlich.
Nördlich der Kirche Ag. Kiriakí; Tel. 2 28 90/2 21 69; nur abends geöffnet
●●●● ▭

Philíppi → S. 37, b 4
Eines der Spitzenrestaurants der Insel mit entsprechend finanzkräftigem Publikum, darunter viele Griechen. Hübscher, von Pflanzen eingerahmter

Garten, hervorragende internationale und griechische Küche. Reservierung empfehlenswert.

Kalógera; Tel. 2 28 90/2 22 94; nur abends geöffnet ●●●●

Chez Maria → S. 37, b 4

Mitten im Zentrum und doch ruhig speist man hier im großen, baumbestandenen Garten. Neben der gängigen griechischen Küche werden auch internationale Gerichte angeboten. Unbedingt empfehlenswert: Pasta mit frischen Meeresfrüchten.

Kalógera 27; Tel. 2 28 90/2 75 65; ab mittags geöffnet ●●●

Eva's Garden → S. 37, b 4

Eine kleine, von Blumen und Sträuchern eingerahmte Oase stellt der Garten des Restaurants dar, wo man mitten in der Altstadt ungestört und stilvoll speisen kann. Vor allem Freunde französischer Küche kommen hier auf ihre Kosten, ob bei Chateaubriand, Muscheln oder den köstlichen Crêpes zum Dessert.

Kalógera 47; Tel. 2 28 90/2 21 60; ab mittags geöffnet ●●●

Sale & Pepe → S. 37, b 5

Einer der besten Italiener der Stadt lockt mit selbst gemachter Pasta und anderen italienischen Köstlichkeiten. Nur relativ wenige Plätze, Reservierung empfohlen.

Platía Lákka; Tel. 2 28 90/2 42 07; nur abends geöffnet ●●●

Alefkándra → S. 37, a 4

Die Lage des großen Restaurants zwischen den Windmühlen und Klein-Venedig unmittelbar am Wasser könnte kaum besser sein. Von hier genießt man einen unvergleichlichen Ausblick auf den Sonnenuntergang. Gute griechische Küche.

Alefkándra, direkt neben der Katholischen Kirche; Tel. 2 28 90/2 24 50; ab mittags geöffnet ●●

Bárkía → S. 37, a 3

Wer Lust auf Nudeln und Pizza hat, findet im italienischen Restaurant Bárkía eine große Auswahl. Einige wenige Plätze direkt an der Gasse, weitere Tische auf dem Dachgarten.

Georgoúli, westlich des Rathauses; Tel. 2 28 90/2 25 63; ab mittags geöffnet ●●

Am frühen Abend findet man in den gemütlichen Tavernen mitten in der Altstadt der Chóra meistens noch ein freies Plätzchen.

In den Gassen der pittoresken Altstadt von Mykonos-Stadt laden auch in der Nebensaison zahlreiche kleine Cafés zum Verweilen ein.

El Greco ⇢ S. 37, b 4

Alteingesessenes, vielfach gelobtes Restaurant mitten in der Altstadt bei der Platía ta Tría Pigádia. Zu den Spezialitäten des Restaurants mit gehobener griechischer Küche zählen die zahlreichen Vorspeisen. Große Auswahl an griechischen Weinen.

Énoplon Dinámeon; Tel. 2 28 90/2 20 74; ab mittags geöffnet ●●

Kounélas ⇢ S. 37, b 3

Bereits seit Jahren etabliertes Fischrestaurant in einer kleinen Gasse gleich hinter der Hafenpromenade beim Rathaus. Während der Fisch auf dem Holzkohlengrill brutzelt, genießt man die Ruhe im beschaulichen kleinen Garten nebenan. Dank der sympathischen Inhaber des kleinen Familienbetriebs fühlt man sich hier schnell rundum Wohl.

Ab mittags geöffnet ●●

Lotus ⇢ S. 37, b 4

Kleines, liebevoll geführtes Restaurant mit einigen wenigen Tischen im Inneren und ein paar Plätzen draußen unter einem herrlichen weinberankten Dach. Internationale und griechische Küche, beides seit Jahren von gleich bleibend guter Qualität. Auch Cocktails werden hier fachmännisch zubereitet. Ganzjährig geöffnet, im Winter mit Feuer im Kamin.

Matogiánni; Tel. 2 28 90/2 28 81; ab mittags geöffnet ●●

Nikos Tavern ⇢ S. 37, a 3

Beliebte Taverne, nur wenige Schritte vom Rathaus entfernt. Da wundert es nicht, dass man hier am Abend manchmal nur schwer einen freien Tisch bekommt. Deshalb lieber reservieren! Der Service ist flink, das Essen gut und vergleichsweise günstig. Umfangreiche Speisekarte, vorwiegend griechische Küche von Souvláki bis Moussaká. Hier wird auch der Inselwein angeboten, Paraportianó, ein ordentlicher Hauswein.

Unterhalb der Platía Agía Moní; Tel. 2 28 90/2 43 20; ab mittags geöffnet ●●

Ta Koupiá S. 37, a 3
Ruhige Taverne unweit des Rathauses und des stark frequentierten Restaurants Nikos. Die griechische Küche ist ähnlich gut wie dort und auch der Service sehr freundlich.
Agía Moní; Tel. 2 28 90/2 28 66; ab mittags geöffnet ●●

Kasárma S. 37, b 3
Bereits am Morgen versammeln sich hier die ersten Gäste, um einen Kaffee zu trinken und die Atmosphäre der Hafenpromenade auf sich wirken zu lassen. Das Essen ist preisgünstig und gut: Probieren Sie einmal die kleinen, frisch frittierten Sardinen, mit Zitrone beträufelt und Weißbrot serviert sind sie eine leckere Mahlzeit. Köstlich ist auch der griechische Salat mit kretischem Olivenöl.
Hafenpromenade; ab morgens geöffnet ●

Il Mago: exklusive Kollektionsstücke und jede Menge Accessoires.

Madoúpas S. 37, b 3
Café direkt am Hafen, in dem man frühstücken oder auch nur eine Erfrischung zu sich nehmen kann. Einfache griechische Gerichte für zwischendurch.
Hafenpromenade; Tel. 2 28 90/2 22 24; ab morgens geöffnet ●

Einkaufen

Die Mode der bekannten Designerlabel wird in fast allen Modegeschäften und Boutiquen der Chóra angeboten.

Apokalypse S. 37, b 4
Traditionelle handgemalte Ikonenmalerei erwartet Sie im Studio von Merkoúris Dimópoulos in der Nähe der Kirche Agía Kyriakí. Der Künstler erkärt interessierten Besuchern gern seine Arbeit.
Ag. Vlássis, parallel zur Hafenpromenade

Bougainvillia Art Gallery S. 37, a 4
Vornehmlich Werke mykoniotischer Künstler; die Qualität liegt deutlich über dem sonst Angebotenen.
Venetía

Delos Dolphins S. 37, b 4
Handgefertigte Gold- und Silberarbeiten, darunter viele Kopien bekannter Museumsstücke, z. B. mit Darstellungen Alexanders des Großen, Herkules oder mit Meandros, dem Symbol für langes Leben.
Matogiánni & Enóplon Dynámeon; www.delos-dolphins-mykonos.com

Efthímiou S. 37, b 4
Köstliche Süßigkeiten aus eigener Herstellung. Die Pralinen sollte man unbedingt einmal probieren.
Zouganéli

Hermes S. 37, b 4
Galerie mit ausgesuchten Werken griechischer Künstler. Darunter handgearbeitete feine Glasobjekte, schöne Skulpturen aus unterschiedlichs-

ten Materialien, Gemälde, Schmuck, geschmackvolle Teller und zahlreiche Kopien antiker Museumsexponate.
Gouménio

Il Mago → S. 37, a 4
2003 neu eröffnete winzige Boutique für Damen- und Herrenbekleidung sowie Accessoires. Die meisten Kollektionsstücke stammen aus Asien.
Venetía

Jella's Shop → S. 37, b 4
Ausgefallenes und Schickes für Frauen aus Seide, Baumwolle und Strick, dazu passende Hausschuhe.
Nikíou 3

Lalaoúnis → S. 37, c 3
Bereits Ende der 60er Jahre eröffnete der weltbekannte Juwelier und Schmuckdesigner eine Filiale auf Mykonos. Edle, klassischen Vorbildern nachempfundene Schmuckstücke, häufig mit Diamanten und Edelsteinen besetzt.
Polikandrióti, östlich der Platía Mavrogénous; www.lalaounis.gr

Lalique → S. 37, b 4
René Lalique, Art-Nouveau-Künstler aus Frankreich, ist Kennern längst ein Begriff. Alle Objekte – Figuren, Tiere, Gläser, Schalen – sind handgemachte Kristall-Arbeiten. Moderne Formen haben den Jugendstil abgelöst.
Matogiánni

Mykonos Records → S. 37, b 4
Dank der großen Auswahl an CDs von griechischen Interpreten kann man sich etwas griechische Kultur mit nach Hause nehmen.
Mitropóleos 16

Nikolétta → S. 37, a 4
Seit 50 Jahren hält Nikolétta Xidákis mit ihren Webarbeiten eine Tradition der Insel aufrecht. Sie zeigt Besuchern gern, wie die hübschen handgearbeiteten Jacken und Schals entstehen.
Venetía

MERIAN-Tipp

5 Galerie Scala

Mehr als die üblichen Souvenirs bietet Scala: Geschmackvolles, aber auch witziges und ausgefallenes Kunsthandwerk, darunter viele Schalen, Teller, Skulpturen, Gemälde, Schmuck und Keramik. Das vom Ladenbesitzer Dimítris Roussounélos selbst geschriebene Kochbuch über Mykonos – leider nur auf Griechisch – ist hier ebenfalls zu haben.

Matogiánni 48; www.scalagallery.gr
→ S. 37, b 4

Pantopolíon → S. 37, b 4
Empfehlenswertes Feinkostgeschäft für biologisch angebaute Lebensmittel, Naturkosmetik und den auf Mykonos produzierten Wein Paraportianó. Köstlich ist auch das berühmte Mandelgebäck »amigdalotá«, das das Familienunternehmen Skarópoulos seit 1921 herstellt. Sogar Winston Churchill soll ein Fan dieser süßen Verführung gewesen sein.
Kalógera 24

Rousounélos → S. 37, b 4
Das Geschäft von Edel-Juwelier Theódoros Rousounélos führt ein exklusives Schmuckangebot und Uhren bekannter internationaler Luxusmarken.
Matogiánni; www.mykonos-rousounelos.com

Spicy → S. 37, b 4
Dekorative handgearbeitete Schalen, Tische und Spiegel.
Mermeléha 4

The Studio → S. 37, b 4
Farbenfrohe Gemälde und Mosaikarbeiten der beiden Künstler Richard James North und der aus Deutschland stammenden Monika Derpapas stehen im Mittelpunkt der Galerie.
Panachrántou 11; www.artistsofmykonos.com

The Workshop → S. 37, b 5
Chrístos Xenitídis bietet in seinem Schmuckgeschäft eine gute Auswahl preiswerter Schmuckstücke an. Die Werkstatt übernimmt aber auch Auftragsarbeiten und führt kleinere Reparaturen aus.
Panáhra 12 und Georgoúli 34

7 **Am Abend**

Anchor Bar → S. 37, b 4
Beliebter Szenetreff mit abwechslungsreicher Musik von gängigen Pop-Hits aus den Charts bis hin zu Funk und Soulmusik.
Matogiánni; 20–ca. 3 Uhr

Astra Bar → S. 37, b 4
Treffpunkt junger Griechinnen und Griechen und der Athener Schickeria. Nur wenige Sitzplätze, riesiges Getränkeangebot.
Enóplon Dynámeon (Dreibrunnenplatz); 19–ca. 3 Uhr

Bar Uno → S. 37, b 4
Seit Jahren beliebte Bar im Zentrum der Stadt. Klein, daher fast immer entsprechend voll, was aber die Gäste nicht zu stören scheint. Getanzt wird zu internationalen Hits.
Matogiánni 42; 19–ca. 3 Uhr

Ikarus → S. 37, b 4
Direkt neben dem berühmten Pierro's. Wegen der spätabendlichen Travestieshows vor allem bei Gays beliebt.
Matogiánni; 20–3 Uhr

Yacht-Club → S. 37, b 2
Party rund um die Uhr: Der Club in der Nähe des Fähranlegers hat 24 Stunden geöffnet. Zu jeder Tages- und Nachtzeit gibt's hier etwas zu essen. Beliebt vor allem in den frühen Morgenstunden, wenn die anderen Bars bereits geschlossen haben.
Direkt am Fähranleger; 0–24 Uhr

Kástro → S. 37, a 4
Klassische Bar direkt am Wasser. In ruhiger, gediegener Atmosphäre treffen sich Gays und Heteros zum Sonnenuntergang oder auch am späteren Abend. Manchmal klassische Musik.
Venetía; 18–2 Uhr

Piano Bar → S. 37, a 4
Gepflegte Atmosphäre dank geschmackvoller Einrichtung und gedämpftem Licht, dazu klassische Musik oder Livemusik am Piano. Wechselnde Ausstellungen heimischer Künstler.
Venetía; 18–2 Uhr

Legendärer Treffpunkt in Mykonos-Stadt ist die Bar Caprice (→ MERIAN-Tipp, S. 53) – zum »Sundowner« beim Sonnenuntergang oder auch am späteren Abend.

Pierro's → S. 37, b 4
Pierro's einfach nur als Bar zu bezeichnen käme einer Beleidigung gleich: Pierro's ist eine Institution, mehrheitlich von Gays besucht und zentraler nächtlicher Treffpunkt. Richtig los geht's erst nach Mitternacht.
Matogiánni; 17–ca. 3 Uhr

Skandinavian Bar → S. 37, b 4
Berühmter und beliebter Club der Kykladen, ab 23 Uhr startet hier die ultimative Party. Da die Bierpreise vergleichsweise günstig sind, ist das »trinkfreudige« Publikum hier im Schnitt etwas jünger.
Georgoúli; 20–3 Uhr

Space → S. 37, b 5
Die zur Zeit wohl coolste und gefragteste Disco der Stadt. House-Musik vom Allerfeinsten.
Lákka; 24 Uhr–open end

Veranda → S. 37, a 4
Schöner Platz, um den abendlichen Sonnenuntergang zu beobachten. Toller Blick aufs Meer und die Windmühlen. Große Auswahl an Cocktails.
Venetía; 18–1 Uhr

SERVICE

Ausflugsboote → S. 37, a 3
Jeden Vormittag außer montags starten zwischen 8.30 und 12 Uhr von der westlichen Mole unweit des Rathauses mehrere Ausflugsboote nach Delos. Die Überfahrt dauert ca. eine halbe Stunde. Das letzte Schiff fährt um 15 Uhr zurück. In den kommerziellen Reisebüros der Stadt kann man auch Ausflüge zu den größeren Nachbarinseln buchen, z.B. nach Tinos, Syros, Paros oder Naxos.

Auskunft → S. 37, b 2
Eine offizielle Touristeninformation gibt es auf Mykonos nicht. Informationen über Ausflüge, Hotels und andere Unterkünfte erteilen verschiedene kommerzielle Reisebüros in der Stadt. Die Touristenpolizei befindet sich unmittelbar am Hafenanleger.
Tel. 2 28 90/2 24 82

MERIAN-Tipp

6 »Sundowner« im Caprice

Allabendlich verwandelt sich das kleine Venetía-Viertel in den wohl romantischsten Teil der Stadt. Den schönsten Blick auf die Windmühlen und die malerische Kulisse der Seemannshäuser hat man von der Bar Caprice. Die Auswahl der angebotenen Cocktails ist riesig; Spezialität des Hauses sind Margaritas und die wunderbar frischen Fruchtcocktails. So können aus einem »Sundowner« auch schnell zwei oder drei werden ... Die Stimmung ist locker und ausgelassen, hier lernt man schnell neue Freunde kennen und sei es auch nur für einen Abend.
Alefkándra; 18–1 Uhr → S. 37, a 4

Autovermietung → S. 37, b 6
In der Nähe der beiden Bushaltestellen am Fábrika-Platz und in der Odós Polikandrióti gibt es einige Büros, die Autos und Zweiräder vermieten. Beliebt ist die Autovermietung Pegasus. Sie verfügt über einen großen, kostenlosen Parkplatz, auf dem man den Mietwagen für die Dauer des Stadtbummels abstellen kann.
Kreuzung Ag. Ioánnou/Odós Xénias; Tel. 2 28 90/2 37 60; www.pegasusgroupgr.com

Banken
Mehrere Banken mit Bargeldautomaten entlang der Hafenpromenade und am Fábrika-Platz gegenüber des Büros von Olympic Airways.

Busse → S. 37, b 6/c 2
Alle wichtigen Punkte der Insel Mykonos sind gut mit Bussen zu erreichen. Busse in Richtung Ornós, Psa-

roú, Platís Gialós und Ágios Ioánnis, zum Paradise Beach und nach Paránga starten von der Bushaltestelle am Fábrika-Platz am Ende der Odós Xénias. Busse nach Toúrlos und Ágios Stéfanos, nach Áno Merá und zum Eliá-Strand sowie nach Kalafáti starten von der zweiten Bushaltestelle im Stadtgebiet in der Odós Polikandrióti unweit des Fährhafens, unterhalb des Archäologischen Museums. Die Häufigkeit der Busverbindungen variiert je nach Saison. Die aktuellen Abfahrtszeiten werden auf einer handgeschriebenen Tafel bekanntgegeben. Die Busse verkehren in der Hauptsaison in der Regel bis 2 Uhr morgens. Kurzstrecken kosten 1 €, Langstrecken 1,60 €.

Internet-Cafés

Ángelos → S. 37, a 5
Odós Xénias zwischen Bushaltestelle und Windmühlen. Eine halbe Stunde Surfen kostet 2 €.
Tel. 2 28 90/2 41 06;
E-Mail: mycnetcafe@otenet.gr

Blu.Blu → S. 37, c 2
Am Hafen, wenige Schritte neben dem Archäologischen Museum in der Odós Ágios Stéfanou.
Tel. 2 28 90/2 87 11;
E-Mail: cavo@otenet.gr

Double Click → S. 37, b 4
Zouganéli 18; Tel. 2 28 90/2 70 70

Kulturveranstaltungen → S. 37, c 5
Während der Sommermonate finden im kleinen Amphitheater Konzert-, Theater- und Tanzaufführungen statt. Infos über Handzettel und an den Hotelrezeptionen.
Rochári

Post → S. 37, b 5
Das Postamt befindet sich an der Platía Lákka nördlich des kleinen Amphitheaters.
Mo–Fr 7.30–14, Sa 8.30–14.30,
So 9–13.30 Uhr

MERIAN-Tipp

7 Apollónia Bay Hotel

Am westlichen Ende des Strandes von Ágios Ioánnis oberhalb der kleinen Kapelle am Hang gelegen, erstreckt sich eine der empfehlenswertesten Hotelanlagen der Insel. Hier stimmt einfach alles: Weiß ist die vorherrschende Farbe des Hotels, große weiße Vorhänge wehen überall im Wind, selbst das sehr freundliche Personal ist weiß gekleidet. Ein ruhiges Fleckchen, wo man in familiärer Atmosphäre einen luxuriösen Urlaub verbringen kann. Bucht man vorab bei einem Reiseveranstalter, ist der Preis erschwinglich, das Preis-Leistungs-Verhältnis stimmt. Auch die vorzügliche Küche des Hauses enttäuscht nicht. DVD-Player in allen Zimmern, Meerwasserswimmingpool.

Tel. 2 28 90/2 78 90, Fax 2 74 61;
35 Zimmer, davon 4 Suiten
●●● CREDIT → S. 118, B 10

Telefon → S. 37, c 2
Das Telefonamt OTE liegt nur wenige Schritte vom Archälogischen Museum entfernt in der Odós Polikandrióti.
Mo–Fr 7.30–14, Sa 8.30–14.30,
So 9–13.30 Uhr

Taxis → S. 37, b 3/b 6
Der zentrale Taxiplatz liegt an der Platía Mavrogénous in der Nähe der Hafenpromenade. Nachts teilweise etwas längere Wartezeiten. Ein weiterer Taxistand befindet sich am Busterminal am Ende der Odós Xénias.
Tel. 2 28 90/2 24 00 (tagsüber),
2 28 90/2 37 00 (nachts)

Zeitungen und Zeitschriften → S. 37, b 4
Der am besten sortierte Zeitungs- und Zeitschriftenladen ist »International Press« neben der kleinen Kirche Agía Kiriakí. An der Uferpromenade weist ein kleines Schild den Weg.

Ziele in der Umgebung

Ágios Ioánnis → S. 118, B 10

Obwohl von Mykonos-Stadt bequem in zehn Autominuten zu erreichen, galt der südwestlichste der Inselstrände bis vor einigen Jahren noch als Geheimtipp. Doch noch immer geht es hier weitaus ruhiger zu als an den berühmten Südstränden der Insel; von der dort häufig anzutreffenden Laufstegatmosphäre ist hier kaum etwas zu spüren. Vor allem in der Nebensaison teilt man sich den Strand oft nur mit wenigen anderen Besuchern. Der Sandstrand geht relativ flach ins Wasser über, die nach Norden hin geschützte Lage lässt das Baden auch noch bei mittelstarken Nordwinden zu. Mehrere Hotelanlagen und Tavernen säumen die Bucht, die nach Westen hin von einer kleinen, romantischen Kapelle mit einigen Fischerbooten am Kai begrenzt wird. Bis hierher fahren auch die Busse von Mykonos-Stadt. Die Bucht von Ágios Ioánnis ist bekannt für ihre herrlichen Sonnenuntergänge mit Blick auf Delos, ohne Zweifel ein Platz für Romantiker.

Wer von der Kapelle aus über einen unbefestigten Weg noch einige hundert Meter weitergeht, kommt zunächst an der von einer mächtigen Mauer geschützten Privatvilla des griechischen Weinbrand-Herstellers Metaxás vorbei. Dahinter liegt der idyllische, winzige Sandstrand von Kápari; ein Platz für Individualisten, an dem meistens nackt gebadet wird und den man manchmal sogar für sich allein hat.

Hotels/andere Unterkünfte

Manoúla's Beach Hotel

Da diese terrassenförmig angeordnete Hotelanlage oberhalb der Buchtmitte liegt, ist man von dort in wenigen Schritten am Sandstrand. Ein schöner Swimmingpool mit Bar bildet das Zentrum des Hotels. Traumhafter Blick über das Meer hinüber zur Insel Delos. Zimmer mit Klimaanlage.

Tel. 2 28 90/2 29 00, Fax 2 43 14; www.hotelmanoulas.gr; 69 Zimmer

●●● AmEx MASTER VISA

Nur wenige Minuten von der Inselhauptstadt entfernt und fast schon eine andere Welt: die ruhige Badebucht Ágios Ioánnis, die man am besten mit dem Bus erreicht.

ESSEN UND TRINKEN

Taverne Sunset

Unmittelbar am Strand mit großer schattiger Terrasse und dem Ambiente einer traditionellen griechischen Taverne. Das Restaurant diente zum Stolz der Besitzer als Drehort für den Film »Shirley Valentine«. Die Küche ist einfach und schmackhaft. Im Haus werden auch einige Zimmer und Apartments vermietet.

Tel. 2 28 90/2 29 01 ●●

Ágios Stéfanos → S. 114, B 3

Die windgeschützte, etwa 300 m lange Bucht von Ágios Stéfanos gehört zu den ruhigeren Badebuchten mit flach abfallendem Sandstrand. Ein halbes Dutzend einfacher und einladender Restaurants und Bars wie das Mocabo oder Haroúla's schließen direkt an den Sandstrand an. Sowohl tagsüber als auch am Abend geht es hier relativ gemütlich und familiär zu. Die Bucht ist mittlerweile fast vollständig mit Hotels und Villen bebaut; viele Besucher schätzen die stadtnahe Lage bei vergleichsweise entspannter Atmosphäre und den moderaten Preisen. Die kleine Ortschaft liegt nur 3 km nördlich von Mykonos Stadt, und doch scheint das Nachtleben der quirligen Hauptstadt hier weit entfernt. Für Nachtschwärmer, die es in die Chóra zieht, gibt es zahlreiche Busverbindungen bis spät in die Nacht und die recht preiswerten Taxis.

HOTELS/ANDERE UNTERKÜNFTE

Princess of Mykonos

Viele Prominente von Jane Fonda bis Julio Iglesias waren hier zu Gast, um die wunderbare Aussicht über die Bucht zu genießen. Stardirigent und Geiger Yehudi Menuhin gab sogar mehrfach kleine Konzerte für die übrigen Hotelgäste. Alle Zimmer sind individuell eingerichtet. Schöner Pool mit Bar. Besonderes Zimmer mit Extra-Service für die Flitterwochen. Das Hotelrestaurant verwendet ökologische Lebensmittel.

Tel. 2 28 90/2 38 06, Fax 2 30 31; www.princessofmykonos.gr; 38 Zimmer ●●● CREDIT

Im Hotel Princess of Mykonos wandelt der Gast auf den Spuren von Stars der Film- und Musikbranche. Vielleicht trifft er hier sogar eine echte »Hoheit«.

Die Kieselsteine von Houlákia sorgen über und unter Wasser für Abwechslung, da sie ganz unterschiedliche Größen und Formen aufweisen.

Álkistis
Terrassenförmig schmiegt sich das Hotel am südlichen Strandende den Hang hinauf. Die meisten Zimmer mit Terrasse oder Balkon bieten einen großartigen Meerblick.
Tel. 2 28 90/2 23 32, Fax 2 32 41; 102 Zimmer ●● AmEx MASTER VISA

Houlákia

→ S. 114, B 3

Die Bucht von Houlákia gilt nicht unbedingt als Traumstrand zum Baden, da nur wenig Sandstrand vorhanden ist. Umso beliebter ist Houlákia jedoch bei den Schnorchlern, da Kieselsteine und Felsformationen für eine abwechslungsreiche Unterwasserwelt sorgen. Es ist übrigens verboten, die typischen runden Kieselsteine von hier mitzunehmen.

Hotels/andere Unterkünfte

Vangélis
Viele Stammgäste, die weniger an Abwechslung und Unterhaltung als an Ruhe und Abgeschiedenheit interessiert sind. In den wenigen Zimmern des Vangélis quartieren sich hauptsächlich Individualisten ein. Vielfach gelobt wird das gute Essen, vor allem das reichhaltige Frühstück. Swimmingpool.
Tel./Fax 2 28 90/2 24 58; 9 Zimmer ●●

Kap Armenistís

→ S. 114, B 2

Der Leuchtturm ganz im abgelegenen Nordwesten von Mykonos zählt zu den unwirtlichsten Gebieten der Insel, ist man hier doch ungeschützt dem nahezu kontinuierlich wehenden Nordwind ausgesetzt. Dafür wird man mit einer einzigartigen Aussicht belohnt: Von einer kargen Höhe aus kann man den Blick über die Nachbarinseln schweifen lassen und den Fährverkehr zwischen den Inseln beobachten. Der Leuchtturm ist auch ein geeignetes Ziel für eine Rundwanderung von Ágios Stéfanos aus (→ S. 56).

Megáli Ámmos → S. 118, C 9

Der knapp 150 m lange Strand grenzt unmittelbar an Mykonos-Stadt an. Zwar gibt es schönere Strände, doch die Lage macht den in wenigen Minuten zu erreichenden Strand vor allem für Tagesgäste attraktiv.

Hotels/andere Unterkünfte

Mykonos Bay
Die weiße Bungalowanlage liegt direkt am Strand, einige Zimmer mit schönem Meerblick, großer Swimmingpool mit Bar.
Tel. 2 28 90/2 33 38, Fax 2 77 75; www.mykonosbay-hotel.com; 31 Zimmer ●● MASTER VISA

Ornós → S. 118, C 10

Das ehemalige Fischerdorf, heute ein lebhafter Urlaubsort, liegt 3 km südwestlich von Mykonos-Stadt am Übergang zur Diakófti-Halbinsel. Während die nach Norden hin geöffnete Bucht vor allem von Surfern genutzt wird, ist die knapp 350 m lange, etwas grobsandige Bucht im Süden Treffpunkt vieler Badefreunde, die ihren Urlaub in einer der Hotelanlagen ringsum verbringen. Der Sandstrand geht relativ flach ins Wasser. Ornós selbst wirkt angenehm dörflich, in der windgeschützten Bucht ankern sogar mehrere Fischerboote. Im Ort gibt es mehrere Tavernen, Boutiquen, Clubs sowie einen Auto- und Motorradverleih, so dass man nicht auf eine Fahrt in die Stadt angewiesen ist. Durch Badeboote besteht eine bequeme Verbindung zu den schönsten Stränden der Südküste.

Hotels/andere Unterkünfte

Kivotós Club Hotel
Die Bungalows am westlichen Ende der Bucht von Ornós gehören zu einer der luxuriösesten Hotelanlagen der Insel. Das Hotel zählt zur Gruppe »Small Luxury Hotels of the World« und bietet mit seinen exquisit ausgestatteten und individuell eingerichteten Zimmern jeglichen Komfort. Es steht sogar eine 25 m lange, hoteleigene Segelyacht zur Verfügung, die man tageweise mieten kann.
Tel. 2 28 90/2 40 94, Fax 2 28 44; www.kivotosclubhotel.gr; 40 Zimmer und Suiten ●●●● CREDIT

Santa Marina
Das Luxushotel im Osten der Bucht ist eine Welt für sich, bereits durch seine Lage auf einer kleinen Landzunge nach außen abgeschirmt. Die im kykladischen Stil angelegten Bungalows und Villen haben viele VIPs beherbergt, darunter Oliver Stone und Ira von Fürstenberg. Das Resort verfügt über einen eigenen Schönheitssalon, Sauna, Tennisplätze sowie einen Yachthafen und einen Privatstrand, der den Hotelgästen vorbehalten ist. Vielfach gerühmt wird das Restaurant Daniele's, das feinste Mittelmeerküche bietet.
Tel. 2 28 90/2 32 20, Fax 2 34 12; www.santa-marina.gr; 97 Zimmer und Villen ●●●● CREDIT

Dionysos
Nur unweit des Strandes gruppieren sich die typisch weißen Kuben mit blauen Fensterläden um den Swimmingpool. Das Haus gehört zur Kette der Best Western Hotels, die Zimmer sind mit Minibar, Radio und Satellitenfernsehen ausgestattet.
Tel. 2 28 90/2 33 13, Fax 2 34 02; www.dionysoshotel.com; 46 Zimmer ●●● CREDIT

Xidákis
In der Nähe der Busstation liegt dieses von den zwei Brüdern Antonis und Státhis familiär geführte Hotel mit seinem netten grünen Innenhof. Einer der beiden Inhaber spricht Deutsch. Die Zimmer sind einfach und ordentlich und verfügen über Terrasse oder Balkon.

Tel. 2 28 90/2 28 13, Fax 2 37 64; 39 Zimmer ●●● ✉

Ornós Beach

Das Mittelklassehotel am östlichen Strandende ist vor allem bei Familien beliebt. Gepflegte Gartenanlage mit nettem Pool. Zimmer mit Balkon oder Terrasse.

Tel. 2 28 90/2 32 16; 28 Zimmer ●● MASTER VISA

Essen und Trinken

Konstantís

Die von einer Fischerfamilie geführte, alteingesessene Taverne am Strand serviert fangfrischen Fisch und viele Klassiker der griechischen Küche.

Tel. 2 28 90/2 28 37 ●●

Parmiggiano

Lassen Sie den perfekten Tag in der offenen Säulenhalle des Restaurants bei guter Pasta und anderen italienischen Spezialitäten ausklingen.

Tel. 2 28 90/2 68 43 ●●

Service

Täglich fahren Badeboote zu den Stränden Paránga, Paradise, Super Paradise, Agrári und Eliá. Die genauen Abfahrtszeiten stehen auf einer Tafel am Hafen. Jeden Vormittag außer Montag fährt ein Ausflugsschiff zur Insel Delos. Häufige Busverbindungen nach Mykonos-Stadt, während der Hauptsaison auch in der Nacht.

Toúrlos

→ S. 114, C 3

Toúrlos hat sich zur bevorzugten Residenz für reiche Großindustrielle entwickelt, die sich hier hinter hohen Mauern prächtige Villen errichten ließen. Für Badeurlauber ist der 2 km nördlich von Mykonos-Stadt gelegene Ort nicht unbedingt geeignet. Der winzige Strand direkt unterhalb der Straße ist aufgrund seiner Hafennähe weniger empfehlenswert. Dafür ist die quirlige Stadt nicht fern, die man zur Not auch zu Fuß erreichen kann. Im neu angelegten Fährhafen ankert fast täglich eines der großen Kreuzfahrtschiffe, was die Luxus-Yachten geradezu verloren aussehen lässt. Bei so viel Pracht übersieht man leicht die kleine Kirche Ágios Georgios oberhalb des Hafens.

Hotels/andere Unterkünfte

Ólia

Hübsche, optisch sehr gelungene Anlage im kykladischen Stil. In den Anbauten hat man die typische Taubenhaus-Architektur der Insel aufgegriffen. Schöner Meerblick von den Balkonen, komfortable Zimmer, schöne Gartenanlage mit Swimmingpool.

Tel. 2 28 90/2 80 20; Fax 2 80 23; www.olia-hotel.gr; 27 Zimmer ●●● ✉

Máki's Place

Kubische Bauten im Stil der Kykladen ziehen sich terrassenförmig den Hang hinauf. Herrlicher Meerblick von den mit Balkon und Terrasse ausgestatteten Zimmern. Ruhige, familiäre Atmosphäre; Pool, Bar.

Tel./Fax 2 28 90/2 31 56; www.makisplace.com; 28 Zimmer ●● ✉

Sunset

Das einfache, direkt an der Straße gelegene Hotel mit schlicht eingerichteten Zimmern ist auch für den etwas schmaleren Geldbeutel geeignet. Von hier aus kann man die großen Kreuzfahrtschiffe im Hafen gut beobachten.

Tel. 2 28 90/2 30 13; Fax 2 39 31; 17 Zimmer ●● ✉

Essen und Trinken

Mathiós

Gute griechische Küche genießt man bei Mathiós unmittelbar an der Hauptstraße in der Nähe der Bushaltestelle. Auf der Terrasse spenden einige Bäume angenehmen Schatten. Viel fangfrischer Fisch, gute Vorspeisen und Fleischgerichte.

Tel. 2 28 90/2 33 44 ●●

Die Südküste

Hier liegen die unumstrittenen »Hot Spots« der Insel: Paradise Beach und Super Paradise Beach.

Wo der Strand zur Amüsiermeile wird: Am Paradise Beach (→ S. 62) beginnt die Party bereits am frühen Nachmittag. Wer lieber später kommt, besucht eine Vollmond- oder Sonnenaufgangparty.

Im Südosten der Insel liegen die schönsten und beliebtesten Strände von Mykonos. Die bekanntesten von ihnen, wie Paradise Beach oder Super Paradise Beach, gelten für manche gar als Synonym für Mykonos selbst. Das Lebensgefühl, das mit dem Klang dieser Namen verbunden ist – niemand verwendet übrigens die ursprünglichen griechischen Bezeichnungen –, ist oft Grund genug, hier den Urlaub zu verbringen. Die meisten Strände an der Südküste bedeckt ein feiner bis mäßig grober weißer Sand, ihre Größe ist überschaubar, beinahe intim. An das recht flache Ufer plätschert sanft das unglaublich klare Wasser, das Tauchern und Schnorchlern ideale Bedingungen garantiert. Die südlichen Strände sind über Badeboote von Platís Gialós bzw. Ornós aus zu erreichen, einige können auch mit dem Bus und natürlich mit dem Pkw angesteuert werden. Die Strände werden umrahmt von einem schmalen Band von Hotels, Restaurants, Bars und Geschäften, so dass während der Saison eine gute Infrastruktur besteht.

Agía Ánna

⟶ S. 118, D 11

Dass gleich zwei Strände auf der Insel diesen Namen tragen, führt gelegentlich zu Verwechslungen (der zweite Strand liegt ganz im Osten in der Nähe von Kalafáti). Eines haben beide gemeinsam: Sie sind winzig. Die hier gemeinte, recht ruhige Bucht blickt auf den benachbarten, sehr belebten Strand von Platís Gialós. Auf der anderen Seite der Landzunge befindet sich auch der nur wenige Gehminuten entfernte Strand von Paránga.

Essen und Trinken

Nicólas

Traditionelle griechische Küche wird hier seit vielen Jahren in gleich bleibend guter Qualität serviert. Ein hübsches Plätzchen für den Abend, aber auch bei Tage sitzt man gemütlich auf der schattigen Terrasse.

Tel. 2 28 90/2 34 66 •

Agrári

⟶ S. 120, A 14

Ziemlich weit im Südosten gelegen, zieht der Strand von Agrári vor allem diejenigen an, die den Strandtag gern abseits der großen Menschenmengen verbringen möchten. Motorisiert sollte man sein, um hierher zu kommen, denn Busse steuern diesen Strand nicht an. Bleiben noch die Badeboote, doch auch sie legen nicht alle hier an. Agrári ist jedoch in 10 bis 15 Minuten vom östlich gelegenen Strand von Eliá zu erreichen, wo eine Busverbindung besteht. Zur Bucht führt eine steile Straße hinunter, die sich 500 m lang und über 20 m breit sichelförmig zwischen Felsen erstreckt. Der Sand ist leicht grobkörnig, das Wasser wie überall im Süden von bester Qualität. Der ideale Ort für Ruhe suchende Individualisten.

Hotels/andere Unterkünfte

Sunrise Beach

Liebevoll geführtes und hübsch eingerichtetes Hotel unmittelbar am Strand mit Restaurant, Swimmingpool und Bar. Bis in den Abend verkehrt ein Shuttlebus des Hotels in die Stadt.

Tel. 2 28 90/7 22 01, Fax 7 22 03; 33 Zimmer •• VISA

Essen und Trinken

Agrári Beach

Seit über 20 Jahren bietet diese Taverne mit familiärer Atmosphäre sehr schmackhaftes und im Preis angemessenes griechisches Essen. Vor einiger Zeit haben die Besitzer auch eine kleine Pension in unmittelbarer Nähe eröffnet.

Tel. 2 28 90/7 12 95, Fax 7 22 02; www.hit360.com/agraribeach/de; 13 Zimmer •

Eliá

→ S. 120, A 14

Eliá Beach ist der östlichste Strand, der von den Badebooten angesteuert wird. Von Mykonos-Stadt verkehren auch Busse, die Fahrt mit dem Auto dauert ca. eine halbe Stunde. Der rund 400 m lange Strand wird malerisch von Felsen eingerahmt, der Sand ist recht fein. Auch wenn das Bild in den Sommermonaten von Sonnenschirmen und Liegestühlen dominiert wird, geht es insgesamt noch ruhig zu; von der Lautsprecherberieselung anderer Strände bleibt man hier verschont. Während der Hauptsaison bietet eine Wassersportstation die Möglichkeit, Wasserski oder Jet Ski zu fahren. Zu beiden Seiten der Bucht schließen sich winzige Sandstrände an, die vorwiegend von Nacktbadenden besucht werden.

MERIAN-Tipp

8 Eliá Beach

Von der schattigen Restaurantterrasse aus kann man das Strandleben während des Essens oder bei einer kleinen Erfrischung in aller Ruhe beobachten. Auf der Speisekarte stehen schmackhafte griechische Gerichte. Neben der Taverne befindet sich ein Swimmingpool sowie eine Strandbar. Der Besitzer des Restaurants vermietet auch einige Zimmer, die besonders bei deutschen Gästen beliebt sind. Die Zimmer sind einfach, aber nett eingerichtet und verfügen sämtlich über Klimaanlage und eigene kleine Terrasse.

Tel. 2 28 90/7 12 04, www.mykonosdia.com; 12 Zimmer ●● → S. 120, A 14

Paradise

→ S. 119, E 11

In den 70er-Jahren galt der Strand als 2 Hochburg der Hippies und Freaks, später als Szenetreff der Homosexuellen. Nackt baden und freizügiges Liebesleben übten eine magnetische Wirkung auf Gleichgesinnte aus, und nicht wenig davon hat der Strand zum Mythos, der die Insel umgibt, beigetragen. Weitaus »gesitteter« geht es heute zu, FKK ist mittlerweile eher die

Typisch griechisches Flair besitzt die charmante Apartmentanlage Eliá Beach (→ MERIAN-Tipp, S. 62) direkt am gleichnamigen Strand.

Am schönen, feinsandigen Eliá Beach kann man Wassersport treiben, zum Beispiel Jet Ski fahren, oder einfach die Sonne und das Meer genießen.

Ausnahme, Gays und Lesben sind deutlich in der Minderheit. Vorwiegend junges, heterosexuelles Publikum bestimmt das Strandleben; für viele von ihnen gehört der Paradise-Aufenthalt zum täglichen Ritual des Urlaubs. Bereits ab mittags dröhnt Musik aus den Lautsprechern der Strandtavernen, ausgelassene Partystimmung bestimmt das Geschehen bis in den frühen Morgen – berühmt-berüchtigt sind die legendären Vollmondparties direkt am Strand. Der schöne, 400 m lange Sandstrand ist da fast ein wenig zur Nebensache geworden, was sicher nicht am mangelnden Angebot liegt: In den Sommermonaten sind fast alle Wassersportarten möglich, eine Tauchschule bietet Tauchkurse für Anfänger und Fortgeschrittene an. Je nach Saison besteht eine Busverbindung bis in den frühen Morgen.

AM ABEND

Cávo Parádiso

Einer der angesagtesten Clubs der Insel, getanzt wird zu Dancefloor und House Music. Burgähnliche Anlage mit großem Pool in den Felsen etwas östlich und oberhalb des Strandes gelegen.

Bis in den frühen Morgen geöffnet; www.cavoparadiso.gr

Tropicana Beach Bar

Jeden Tag ab 17 Uhr steigt hier die Strandparty. Aufgelegt werden die neuesten Hits und alles, was die Stimmung des hauptsächlich jugendlichen Publikums anheizt.

Ab mittags geöffnet; www.tropicanamykonos.com

Paránga

→ S. 118, E 11

Auf dem Weg zum Strand weist unterwegs ein kleines Schild zum »ancient tower«: Der so bezeichnete Turm von Líno ist auf einer felsigen Anhöhe errichtet und weist einen Durchmesser von 10 bis 11 m auf. Leider sind nur noch vier Steinlagen vorhanden. Bis heute sind die Archäologen uneins über Alter und Zweck des Turmes. Möglicherweise war er Teil eines größeren Verteidigungssystems der Insel. Der von Felsen umschlossene Strand von Paránga ist nur

MERIAN-Tipp

9 Myconian Imperial Resort & Thalasso Spa Center

Hotels der oberen Preisklasse gibt es auf Mykonos nicht wenige, doch mit dem Fünf-Sterne-Hotel Myconian Imperial Resort & Thalasso Spa Center oberhalb des Eliá Beach steht anspruchsvollen Besuchern eine besonders edle Unterkunft zur Verfügung, die zu den »Leading Hotels of the World« zählt. Die luxuriöse Ausstattung der Zimmer und Suiten versteht sich bei einer derartigen Anlage von selbst, bei einigen Suiten steht den Gästen sogar ein privater Seewasser-Pool zur Verfügung. Die Zimmer sind wie die gesamte Anlage sehr ästhetisch und harmonisch gestaltet, Weiß und Blau sind die vorherrschenden Farben. Nicht weniger als drei Swimmingpools und ein Kinderpool laden zum entspannten Baden ein, zwei Restaurants und drei Bars stellen auch den verwöhnten Geschmack zufrieden. Eine umfassende Thalassotherapie-Behandlung findet u. a. in vier separaten Pools statt, unterstützt durch verschiedenste Verwöhnprogramme für Gesicht und Körper.

Tel. 2 28 90/7 95 00, Fax 7 95 95; www.myconianimperial.gr; 111 Zimmer ●●●● CREDIT → S. 120, A 14

200 m lang, doch von feinstem Sand bedeckt. Während des Sommers findet man hier kaum ein freies Plätzchen, auch wenn es entspannter zugeht als am benachbarten Paradise Strand. Durch die Eröffnung eines Campingplatzes ist das Publikum hauptsächlich jüngeren Alters. Die kleine Felsinsel vor der Bucht ist ein beliebter Platz zum Sonnenbaden. Während der Saison halbstündige Busverbindung nach Mykonos-Stadt. Mehrmals täglich legen Badeboote aus Ornós und Platís Gialós an.

Hotels/andere Unterkünfte

San Giorgio

In bevorzugter Lage auf den Klippen zwischen den beiden »Hausstränden« Paradise Beach und Paránga Beach. Imposante Poolanlage, gut ausgestattete Zimmer.

Tel. 2 28 90/2 74 74, Fax 2 74 81; www.sangiorgio.gr; 31 Zimmer
●●● AmEx MASTER VISA

Zéphyros

Ruhig gelegen, etwas oberhalb der Bucht. Schöne Frühstücksterrasse, einfache, aber gut ausgestattete Zimmer mit Pool, Restaurant und Bar.

Tel. 2 28 90/2 39 28, Fax 2 49 02; www.zephyros.coo.gr; 30 Zimmer ●●

Platís Gialós

→ S. 118, D 11

Einst Treffpunkt der Reichen und Prominenten aus aller Welt, hat sich Platís Gialós zu einem der beliebtesten Ziele für Pauschalurlauber entwickelt. Kein anderer Strand der Insel bietet eine ähnliche Auswahl an Hotels und Tavernen, was zur Folge hat, dass sich Sonnenschirme und Liegen in den Sommermonaten dicht an dicht reihen. Der 400 m lange, etwas grobkörnige Sandstrand wird täglich gereinigt und führt flach ins Wasser. An der dortigen Wassersportstation kann man Jet Ski fahren oder ein Speedboat ausleihen. Wer gelegentlich etwas Abwechslung sucht: Die Nachbarstrände Agía Ánna und Paránga sind bequem zu Fuß erreichbar. Außerdem wird der Ferienort aus der 4 km entfernten Chóra bis in die Nacht hinein von Bussen angefahren. Tagsüber nutzen viele Gäste, die eines der Hotels in der Stadt bewohnen, die Busverbindung, um von Platís Gialós aus mit einem der hier startenden Badeboote zu den Stränden im Süden zu gelangen. Die Boote steuern Paránga, Paradise und Super Paradise an, etwas seltener auch Agrári

8

und Eliá. Die Abfahrtszeiten werden auf einer Tafel bekanntgegeben, die Preise für die Hin- und Rückfahrt liegen zwischen 4 und 6 €.

Hotels/andere Unterkünfte

Myconian Ambassador Hotel

Von den blauweißen Kuben der etwas oberhalb der Bucht gelegenen luxuriösen Hotelanlage hat man einen herrlichen Blick über die Strandlandschaft. Schön gestalteter Meerwasserpool, Tennisplatz und Squash, Sauna mit Whirlpool. Sehr freundliches, aufmerksames Personal, das Restaurant des Hauses überzeugt mit einer leckeren, abwechslungsreichen Küche. Zimmer mit Klimaanlage und wunderbarem Meeresblick.

Tel. 2 28 90/2 41 66, Fax 2 42 33; www.myconian-ambassador.gr; 80 Zimmer ●●●● AmEx MASTER VISA

Petasos Beach Resort & Spa

Auf einer Halbinsel zwischen Platís Gialós und Psarov gelegen; die Hotelanlage bietet Zimmer unterschiedlicher Kategorien und Preisklassen, von Standard-Hotel-Zimmern bis hin zu edlen Deluxe-Zimmern. Zwei schöne Poolanlagen mit Meeresblick, umfangreiches Sportangebot, Restaurant mit Terrasse.

Tel. 2 28 90/2 34 37, Fax 2 41 01; www.petasos.gr; 107 Zimmer ●●● bis ●●●● CREDIT

Myconos Palace

Die kubischen Gebäude in typischer Kykladen-Architektur liegen direkt am Sandstrand. Wem es dort zu eng wird, kann im hoteleigenen Meerwasser-Swimmingpool Erfrischung suchen. Modern ausgestattete Zimmer mit Klimaanlage. Spezielle Angebote für die Hochzeitsreise, u. a. romantisches Dinner und Bootsfahrt zu zweit.

Tel. 2 28 90/2 21 18, Fax 2 69 84; www.mykonospalace.com; 28 Zimmer ●●● AmEx MASTER VISA

Lady Anna

Kleine, im typischen Blau-Weiß gehaltene Anlage am östlichen Ende des Strandes. Schöner Meerwasser-Swimmingpool, nette Zimmer mit Klimaanlage, essen kann man im zum Hotel gehörigen Restaurant Bonatsa.

Tel. 2 28 90/2 21 34, Fax 2 22 21; www.ladyanna.gr; 36 Zimmer ●●●

Essen und Trinken

Gallúp

Am westlichen Ende des Strandes gleich oberhalb der Mole, wo die Badeboote abfahren. Auf der Speisekarte stehen vorwiegend griechische Gerichte, es wird aber auch Pizza angeboten. Da der Besitzer von der Insel Kreta stammt, gibt es manchmal typisch kretische Spezialitäten wie die empfehlenswerte Pita.

Ab vormittags geöffnet ●●

Die Südküste von Mykonos ist bekannt für ihre schönen Strände, die man am besten mit solchen Badebooten erreicht.

Psaroú

S. 118, D 11

3 km vom Stadtzentrum entfernt, kurz bevor man den Strand von Plátis Gialós erreicht, zweigt nach rechts eine unscheinbare, sehr steile Straße zum kleinen Strand von Psaroú ab. Seine äußerst windgeschützte Lage macht den 300 m langen Sandstrand vor allem an windigen Tagen zum geschätzten Ziel. Der Badeplatz ist beliebt bei Familien mit Kindern, da der Strand flach ins Wasser übergeht. Während der heißen Sommermonate platzt Psaroú scheinbar aus allen Nähten; zu den Hotelgästen an Land kommen die zahlreichen Yachtbesitzer, die in der Bucht vor Anker gehen. Psaroú bietet gute Wassersportmöglichkeiten: Man kann Kanus und Tretboote mieten oder einfach nur die guten Bademöglichkeiten nutzen, auch für Kinder ist der Strand gut geeignet. Der Strand von Platís Gialós ist von hier aus in 10 Minuten zu erreichen. Eine Bushaltestelle befindet sich oben an der Straße nach Platís Gialós.

HOTELS/ANDERE UNTERKÜNFTE

Grecotel Mykonos Blu

Fünf-Sterne-Anlage der Luxusklasse, die zu den besten Hotels der Kykladen gezählt wird. Traumhafter Blick über das Meer, sehr schön gelegener Pool mit Meerwasser, außerdem für kühlere Tage hauseigene Sauna, Hallenbad und Fitnessbereich. Zum Hotel gehören auch zwei Restaurants. Traditionelle inseltypische Architektur, geschmackvolle, modern eingerichtete Zimmer, die sich auf zahlreiche Bungalows in der gepflegten, weitläufigen Gartenanlage verteilen.

Tel. 2 28 90/2 79 00, Fax 2 77 83; www.grecotel.gr; 90 Zimmer ●●●● CREDIT

Psaroú Beach

Freundlich geführtes Hotel 50 m oberhalb des Strandes, gut geeignet für Familien. Alle Zimmer mit Klimaanlage, einige davon mit Meerblick. Gute griechische Küche im hoteleigenen Restaurant.

Tel. 2 28 90/2 41 80, Fax 2 36 81; www.myconos-psaroubeach.com; 25 Zimmer ●●● MASTER VISA

Der Strand von Psaroú ist besonders bei Familien mit Kindern beliebt, die hier gefahrlos im flachen Wasser plantschen können.

Noch herrscht beschauliche Ruhe: Doch ab dem späten Vormittag ändert sich das Bild, dann sind alle Liegen am Super Paradise Beach belegt.

Essen und Trinken

Námmos

Das beste Restaurant von Psaroú grenzt direkt an den Sandstrand. Die griechische Küche mit ihrem Schwerpunkt auf Fisch und Meeresfrüchten zeigt einen arabischen Einschlag, was wohl dem ägyptischen Koch zu verdanken ist. Versuchen Sie den Salat des Hauses mit arabischer Pita oder Cesar's Salat mit Hühnerfleisch. Köstlich sind auch die Muscheln in Feta-Soße mit Zitrone.

Super Paradise

→ S. 119, F 11

Bis heute lebt Super Paradise von seinem Ruf, einer der verrücktesten Plätze Griechenlands zu sein, ein Zentrum der Schwulenszene und Oase für alle FKK-Anhänger. Mittlerweile teilt man sich den 250 m langen Strand mit »Heteros« und »Textilträgern«; nur am westlichen Strandabschnitt sieht man vorwiegend nackte Männerkörper beim Sonnenbad. Die von Felsen eingerahmte Bucht, etwas kleiner als Paradise Beach, gehört zu den schönsten Stränden der Insel. Auch hier finden beinahe täglich Strandpartys statt, allerdings geht es insgesamt etwas ruhiger zu. Da die schmale Zufahrtsstraße zum Super Paradise Beach nicht von Bussen befahren werden kann, sind die nahe gelegenen Parkplätze rasch belegt. Bequemer erreicht man den Strand mit den Badebooten, die mehrmals täglich von Platís Gialós aus starten.

Essen und Trinken

Coco Club

Die etwas erhöhte Lage am westlichen Ende der Bucht ermöglicht einen herrlichen Blick auf das Strandgeschehen. Bei einem gepflegten Essen oder einem Cocktail kann man die »Modenschau« noch besser genießen.

Ab mittags geöffnet ●●●

Áno Merá und der Osten

Im ländlichen Osten hat das einfache, ursprüngliche Inselleben bis in unsere Tage überdauert.

Mehr als 365 Kirchen und Kapellen soll es auf Mykonos geben. Diese befindet sich unweit des Dorfes Áno Merá, dem zweiten historisch gewachsenen Ort der Insel. Das Dorf hat sich noch viel von seiner Ursprünglichkeit bewahrt.

Áno Merá

→ S. 116, A 8

800 Einwohner

Gerade einmal 10 km trennen Mykonos-Stadt von der zweiten größeren Siedlung der Insel, Áno Merá, mit ihren ungefähr 800 Einwohnern. Und doch scheinen Welten dazwischen zu liegen. Clubs und Nachtleben sind hier Fremdworte, und der berühmten Freizügigkeit der Stadt scheint man hier mit einer gehörigen Portion Misstrauen und Traditionsdenken entgegenzutreten.

9

Áno Merá ist für die Besucher der Insel meist nur Zwischenstation auf dem Weg zu den ruhigen Stränden im Südosten oder einfach Ziel eines kurzen Ausfluges. Lohnenswert ist der Bummel über den hübschen, autofreien Marktplatz, dessen Tavernen durchaus eine Alternative zu den teureren Restaurants der Stadt darstellen. Die beiden Klöster des Ortes bilden die Hauptattraktionen für eine Besichtigungstour. Áno Merá ist eine Streusiedlung ohne erkennbar historisch gewachsene Strukturen, von Jahr zu Jahr entstehen ringsum neue weiße Kuben, so dass mittlerweile fast die gesamte Ebene in lockerem Abstand von Häusern und Gehöften bedeckt ist. Einige der Bewohner widmen sich hier noch der Landwirtschaft, keine leichte Aufgabe in der von Steinen übersäten kargen Landschaft, in der der Wind trotz aufgeschichteter Steinmauern immer wieder die fruchtbare Krume wegweht. Und so ist es erstaunlich, dass in der Nähe des Dorfes seit einigen Jahren wieder Wein angebaut wird, denn Weinstöcke vertragen normalerweise nur wenig Wind. Das Ergebnis dieser Bemühungen, den ökologisch produzierten Wein Paraportianó, kann man in mehreren Restaurants der Insel kosten: zwar kein hochklassiger, aber ein guter Tischwein.

Wie archäologische Grabungen und Funde ergaben, war die Gegend um Áno Merá von der Antike bis heute kontinuierlich besiedelt, selbst Bestattungen aus geometrischer Zeit (10.–6. Jh. v. Chr.) und jahrtausendealte prähistorische Spuren konnten freigelegt werden. Die ungewöhnliche Lage im Zentrum der Insel wurde offensichtlich als Schutz empfunden, bot das Meer doch nicht nur Handelskontakte, sondern es kamen auf diesem Weg auch Feinde und Eroberer auf die Insel.

Sehenswertes

Kloster Panagía Tourlianí

Das Hauptkloster der Insel erhebt sich direkt am Dorfplatz des Ortes (tgl. 9–13 und 18–21 Uhr) und stellt ein gutes Beispiel für die Klosterarchitektur des östlichen Mittelmeeres dar. Die kleine Pforte mit einer Pechnase darüber und die winzigen Fenster zum Platz hin unterstreichen den Festungscharakter der in der Sonne grell weiß strahlenden Fassade. Das Kloster wurde 1542 von zwei Mönchen aus Paros gegründet, nachdem man hier eine Ikone gefunden hatte, der man wundertätige Fähigkeiten nachsagte. Das Kloster war direkt dem Patriarchat von Konstantinopel unterstellt, was Piraten jedoch nicht daran hinderte, es im Jahr 1612 zu plündern. Die heutigen Bauten stammen in wesentlichen Teilen aus dem 18. Jh. Die dreischiffige Kirche mit ihrer Kuppel im Mittelschiff und ihren überwölbten Seitenschiffen wurde im Jahr 1670 erbaut, der die Anlage überragende imposante Glockenturm stammt aus dem Jahr 1807. Er ist mit religiösen wie volkstümlichen Reliefs geschmückt: Neben Motiven wie »Maria mit dem Kind« sind auch Szenen des Alltags zu entdecken, darunter Mönche und Bauern in ihrer zeitgenössischen Kleidung. Aus derselben Zeit stammt übrigens auch der mit einem Wasser speienden Kobold verzierte Brunnen auf dem Kirchenvorhof.

Im Inneren des Klosters befindet sich die sehenswerte holzgeschnitzte

Das Kloster Panagía Tourlianí (→ S. 69) in Áno Merá birgt im Inneren der Klosterkirche eine holzgeschnitzte Ikonostase, der wundersame Fähigkeiten nachgesagt werden.

Ikonostase, die unter anderem fantastische Gestalten aus der Welt der Tiere wie Drachen und Einhorn zeigt, sowie ein reich verzierter Bischofsthron, der auf zwei hölzernen Löwen ruht. Für die Gläubigen ist die wundertätige Ikone der Jungfrau Maria Ziel ihrer Gebete und Bitten. Dem Kloster ist ein kleines Museum angegliedert, das in nachgestellten Szenen vom klösterlichen Leben vergangener Zeiten berichtet. Bitte achten Sie beim Besuch des Klosters auf angemessene, möglichst Knie und Schultern bedeckende Bekleidung.

Am 15. August, dem wichtigsten Feiertag der Insel, finden vor dem Kloster ein großes Fest und eine Prozession anlässlich der Himmelfahrt Mariens statt.

Kloster Paleókastro

Das zweite Kloster des Ortes erreicht man von Mykonos-Stadt aus kommend über eine kleine Straße, die am Ortseingang links abzweigt. Das Nonnenkloster (9–12 und 17–19 Uhr) ähnelt mit seinen kleinen Fensteröffnungen genau wie das Mönchskloster einer Festung. Welch ein Kontrast im Inneren, wo weiße Gebäude mit roten Türen und Fenstern einen großen baumbestandenen Hof mit Garten umschließen! Eine ruhige, fast intime Idylle, die zum Verweilen einlädt. In Dutzenden von Töpfen blühen prächtige bunte Blumen, Maulbeerbäume verbreiten ihren typischen Duft, Gemüse, Kartoffeln und Kräuter wachsen üppig im Garten vor der Klosterkirche. Zurzeit wird das Kloster nur noch von einer nun schon über 80-jährigen Nonne und mehreren Novizinnen bewohnt.

In der Nähe des Klosters findet man einige spärliche Reste des alten Áno Merá: Einige Meter entfernt ragt ein eigenartiger Granitblock 3 m aus der Erde, den Archäologen als Menhir identifizierten, der einst zu einem alten Grabmal gehört haben soll. Ein kurzer Aufstieg führt von dort auf den konisch geformten Hügel oberhalb des Ortes, wo man Ausgrabungen einer Festung aus venezianischer Zeit besichtigen kann, die der Adelsfamilie Ghisi zugeordnet werden. Weitere Mauerreste am Hügel stammen von einer byzantinischen Festung des 7. Jh., die zum Schutz vor arabischen Überfällen erbaut worden war. Mindestens ebenso lohnend wie die historischen Funde ist in jedem Fall der weite Blick, der für die kleinen Mühen des Aufstiegs entschädigt.

Essen und Trinken

Daphne
Das Restaurant direkt am Dorfplatz ist erst vor einigen Jahren eröffnet worden, hat sich aber bereits nach kurzer Zeit einen Namen gemacht. Neben fein zubereitetem Fisch und Meeresfrüchten, darunter auch Hummer, kann man hier ökologisch erzeugte inseltypische Produkte wie Käse und Wein genießen.
Tel. 2 28 90/7 22 22; tgl. ab mittags geöffnet ●●

President's Place
Traditionelle griechische Küche zu einem fairen Preis, ebenfalls direkt am Dorfplatz.
Tel. 2 28 90/7 19 25 ●●

Vangelis
Seit Jahrzehnten bei vielen Stammgästen aus Mykonos-Stadt beliebte Taverne direkt am Dorfplatz. Die griechischen Gerichte, darunter Lamm und Spanferkel, sind oft deftig, aber immer gut. Auch Fisch und Meeresfrüchte werden hier köstlich zubereitet. Es lohnt sich, die Empfehlung des Tages zu probieren.
Tel. 2 28 90/7 15 77; ab mittags durchgehend geöffnet ●●

Kafeníon Ellás
Das kleine Kafeníon nur wenige Schritte vom Hauptplatz entfernt zieht die Blicke aller Passanten auf sich. Der Besitzer hat das Café mit Loren, Pumpen und anderen Gerätschaften aus den Baryt-Minen der Insel zu einem kleinen Museum ausgebaut.
Ab vormittags geöffnet ●

Pitharchío
Einfache Taverne am Ortseingang von Áno Merá mit einem ordentlichen Angebot griechischer Küche und einem süffigen Hauswein.
Tel. 2 28 90/7 15 13; ab mittags durchgehend geöffnet ●

Service

Die zu den Stränden Elía, Agía Ánna und Kalafáti fahrenden Busse halten in Áno Merá.

Die Kapelle des Klosters Paleókastro ist im Stil der orthodoxen Kirchen reich mit Ornamenten und Ikonen geschmückt.

Im Frühjahr und Herbst, wenn es auf der Insel gelegentlich regnet, blüht die Vegetation im sonst kargen Osten auf. Im Sommer und Herbst ist das Land karg und karstig.

Ziele in der Umgebung

Agía Ánna

⇢ S. 120, C 13

Kaum mehr als 100 m lang und 15 m breit ist der feine Sandstrand von Agía Ánna gleich unterhalb des Hotels Anastasía. Dessen Gäste sind es auch, die diesen »Hausstrand« in der Regel benutzen. Die felsige Küste hier ist ideal für Taucher, ein Tauchzentrum gleich oberhalb des Hotels bietet die dafür notwendige Ausrüstung.

1

Hotels/andere Unterkünfte

Anastasía Village

Gleich oberhalb des kleinen Strandes auf den Felsen bilden die im typischen Kykladenstil errichteten Bungalows der Anlage ein kleines Dorf. Komfortabler Urlaub in ländlicher Umgebung. Großer Swimmingpool mit schönem Blick über die Bucht. Idyllisch direkt am Meer in den Felsen gebaut liegt das Restaurant Spélia, zu dessen Spezialitäten italienische Küche und Fischgerichte gehören.

Tel. 2 28 90/7 12 05, Fax 7 13 60; www.hotelanastasia.gr; 85 Bungalows

●●● AmEx MASTER VISA

Service

Tauchbasis Schwerelos

Unter deutscher Leitung stehende Tauchbasis mit einem Kursprogramm für Anfänger und Profis gleichermaßen. Hier kann man erste Schnupperkurse belegen oder auch die anerkannten Ausbildungsgänge (CMAS, Padi; Nitrox) durchlaufen. Komplette Tauchausrüstungen stehen ebenso zur Verfügung wie professionelle Unterwasserkameras. Die Tauchgänge führen zu versunkenen Wracks, Höhlen und Amphorenfeldern. Die Tauchschule liegt auf dem Gelände der Apartmentanlage Jorgos.

Tel./Fax 2 28 90/7 16 77; www.tauchbasis-schwerelos.de

Halbinsel Divoúnia

⇢ S. 120, C 13

Die winzige Halbinsel, die die beiden Strände Agía Ánna und Kalafáti trennt, wird von einer kleinen Fischersiedlung bedeckt. Hier kann man den Fischern mit etwas Glück beim Anlanden von frisch gefangenem Tintenfisch und großen Krebsen und Hummern zusehen. In Márkos Taverne landet der frische Fisch dann köstlich zubereitet auf dem Teller. In der Taverne können Sie auch nach Privatzimmern und Apartments fragen (Tel. 2 28 90/7 14 97).

Kalafáti

S. 120, C 13

1 Der Sandstrand von Kalafáti gehört mit seinen ca. 900 m zu den längsten der Insel. Dank seiner abgeschiedenen Lage zählt er wohl auch zu den ruhigsten Badeplätzen. Aufgrund der besonderen Windverhältnisse hat sich der Strand zu einem beliebten Surfrevier entwickelt. Während der Wind vormittags meist mit Windstärke 2 bis 5 weht und den Anfängern gute Bedingungen ermöglicht, kann er am Nachmittag Windstärke 6 und mehr erreichen: ideal für Profis und Fortgeschrittene. In einiger Entfernung zum Ufer türmen sich die Wellen so auf eine Höhe von 2 bis 4 m auf.

Hotels/andere Unterkünfte

Aphrodite Beach

Sehr weitläufige Hotelanlage am östlichen Ende der Bucht mit großem baumbestandenen Garten. Das Haus zählt zu den ältesten Hotels von Mykonos und wird vornehmlich von den großen Reiseveranstaltern gebucht. Die Zimmer verteilen sich auf das Haupthaus und mehrere Nebengebäude. Großer Meerwasserpool mit Kinderbecken. Tennisplatz vorhanden, Reitausflüge werden auf Wunsch vermittelt.

Tel. 2 28 90/7 13 67, Fax 7 15 25; www.aphrodite-mykonos.gr; 139 Zimmer

●● AmEx MASTER VISA

Delfínia

Oberhalb des Strandes mit Panoramablick über die gesamte Bucht. Alle Zimmer mit Balkon oder Veranda. Swimmingpool mit Kinderbecken vorhanden. Klimaanlage.

Tel. 2 28 90/7 13 49, Fax 7 18 98; 24 Zimmer und 2 Suiten ●●

Essen und Trinken

Thálassa

Vornehm und nicht eben billig lässt es sich in diesem Restaurant am östlichen Ende des Strandes tafeln. Leckere griechische und internationale Küche.

ab mittags geöffnet ●●●

Alltägliche Pflicht: Das Fischernetz wird nach jedem Fang genau unter die Lupe genommen und geflickt. Früher war der Fischfang Haupterwerb, heute ist das der Tourismus.

Aquarius
Schöner Blick über die Bucht, oberhalb des westlichen Strandabschnittes gelegen. Gute griechische Küche.
Tel. 2 28 90/7 23 03 ●●

SERVICE
Planet Windsurfing Center
Mitten am Strand liegt die Station von Pezi Huber, die Surfern von Anfang Mai bis Ende Oktober offen steht. Über 80 Boards und 150 Riggs warten hier auf ihren Einsatz: Die Surfschule organisiert auch Ausflüge zu anderen Surfspots.
Tel. 2 28 90/7 23 45;
www.pezi-huber.com

Kaló Livádi

→ S. 120, B 13

Gleich südöstlich von Áno Merá öffnet sich die 600 m lange, sanft geschwungene Bucht von Kaló Livádi. Während der Vor- und Nachsaison ist man hier unter sich, und auch während der heißen Sommermonate stellt sich nie das Gefühl von »Strandtrubel« ein, was wohl auch daran liegt, dass die Busverbindungen etwas spärlich sind. Der relativ flach ins Wasser führende Sandstrand verspricht höchstes Badevergnügen für alle, die etwas Abgeschiedenheit lieben. Abgesehen von einigen kleineren Tamarisken gibt es jedoch keine Möglichkeit, sich in den Schatten zurückzuziehen. Die kargen, felsigen Hänge der Bucht sind bislang nur recht locker bebaut. Ganz im Osten ankern bisweilen Frachtschiffe, die mit dem auf der Insel abgebauten Erz beladen werden.

HOTELS/ANDERE UNTERKÜNFTE
Pietra e Mare
Am westlichen Ende der Bucht gleich oberhalb der Kapelle gelegen, verspricht dieses aus kleinen, weiß verputzen oder naturbelassenen steinernen Häuschen bestehende Hotel einen ruhigen Urlaub. Studios mit

Sobald die ersten Sonnenanbeter der Saison den weiten Strand von Kaló Livádi besuchen, werden die typischen, aus Zweigen gefertigten Sonnenschirme aufgestellt.

Kochnische, kleiner Pool, Restaurant.
Tel. 2 28 90/7 11 52, Fax 7 14 41; www.pietra-e-mare.gr; 29 Zimmer und Suiten ●● ✉

Essen und Trinken

Kaló Livádi
Am östlichen Strandende kurz vor den blau-weißen Kuben der Hotelanlage Archipélagos (auch hier kann man direkt am Wasser speisen) sitzt man schattig unter Tamarisken oder auf der bambusgedeckten Terrasse. Gute Fischgerichte und frischer Hummer.
Tel. 2 28 90/7 17 45; ab mittags geöffnet ●●

La Barca
Unter dem schattigen Rohrgeflecht des Restaurants in der Mitte der Bucht lässt sich gut eine Pause einlegen. Die Speisekarte wird von preiswerten griechischen Gerichten dominiert: Eine »moussaká« oder einen »pastítsio« erhält man hier bereits für 6 €.
Tel. 2 28 90/7 23 10 ●

Liá

→ S. 121, D 13

Der einzige Zugang zum Strand von Liá, der östlichsten Badebucht der Insel, führt über eine holprige Piste. Nur 1 150 m lang, von grobem Sand und Kieseln bedeckt und relativ flach ins saubere Wasser abfallend, ist der Mini-Strand eine wahre Oase der Ruhe. Zwar werden im Sommer auch hier Liegestühle und Sonnenschirme angeboten, doch die große Entfernung zur Hauptstadt und die etwas mühsame Anfahrt lassen nie Unruhe oder Gedränge aufkommen. Ein schattiges Plätzchen bietet die Taverne Liá Beach gleich oberhalb des Strandes. Dahinter lockt die Taverne La Luna mit frischem Hummer und großen Krebsen, die in Bassins direkt nebenan gehalten werden. Die Preise hier sind allerdings sehr hoch.

Der äußerste Osten

→ S. 117, D-F 7/8

Auf einigen Karten von Mykonos sind ganz im Osten der Insel – rund um den Berg Profítis Ilías Anomerítis – mehrere Badestrände eingezeichnet. Zu empfehlen sind sie eigentlich nicht, denn weder Lage und Beschaffenheit noch Erreichbarkeit (nur mit einem Jeep) machen diese Strände zu heimlichen Traumstränden.

Von Áno Merá aus führt Richtung Osten eine gut ausgebaute Teerstraße bis an den südlichen Rand des Berges, wo ein Abzweig in militärisches Gelände führt – für Touristen ist dieser Weg tabu. Von da aus geht es auf äußerst holpriger, mit tiefen Schlaglöchern und Steinen versehenen Piste weiter rund um den Berg, bis man wieder die Teerstraße erreicht hat. Unterwegs stößt man immer wieder auf prächtige Villen, Oasen in der Steinwüste, die zum Staunen verleiten. Meist sind sie ganz in Weiß gehalten, einige sind auch aus unbearbeitetem Naturstein errichtet, der sich kaum von der Umgebung abhebt. Nur äußerst selten begegnet man einem anderen Menschen an den östlichsten Stränden Káto und Páno Tigáni, zu denen eine steile Piste hinabführt.

Schließlich erreicht man ein Erzabbaugebiet, das heute nur noch geringe Bedeutung hat und an vielen Stellen aufgegeben wurde, wie einige verlassene Hütten und Stollen zeigen. Nach Merchiás Beach, zwei kleinen sandigen Stränden im Nordosten, führt ein schmaler Abzweig, bevor man wieder die Teerstraße nach Áno Merá erreicht. Die Rundtour beträgt von Áno Merá aus ohne Abstecher ca. 20 km.

Für geübte Mountainbiker, die eine weitgehend schattenlose Strecke nicht scheuen, ist dieser Rundkurs eine willkommene Herausforderung während des Strandurlaubs.

Die Nordküste

Ruhige Badebuchten, familiäre, kleine Hotels. Der Norden bietet Urlaub für Individualisten.

Die herbe Schönheit der Landschaft und die gemütlichen kleinen Tavernen, wie hier am Strand Ágios Sóstis, setzen einen angenehmen Kontrast zur hektischen Betriebsamkeit des Südens.

An der Nordküste der Insel sind die landschaftlich attraktiven Fleckchen etwas spärlicher gesät. Der größte Teil des nördlichen Inselabschnitts wird von einer unzugänglichen Felsküste bestimmt. Doch hat die im Nordwesten sich öffnende Pánormos-Bucht mit Ágios Sóstis und Pánormos zwei empfehlenswerte Sandstrände zu bieten, um dem Trubel der stark frequentierten Badebuchten im Süden zu entgehen. An manchen Tagen weht den Badegästen der Nordwind allerdings teils unangenehm ins Gesicht ...

Ágios Sóstis

→ S. 115, E 2

Nur etwas mehr als 200 m ist der Strand von Ágios Sóstis lang, und doch kommen von Jahr zu Jahr weitere Villen wohlhabender Griechen hinzu. Denn hier ist man noch unter sich: Die Inselhauptstadt ist immerhin 8 km entfernt, und eine Busverbindung gibt es nicht. Nur einige Individualisten sind es, die hier neben den Anwohnern das ruhige Strandleben genießen, ohne kommerziellen Liegestuhlverleih und Wassersportangebote. So besteht auch im Hochsommer nie die Gefahr eines überfüllten Strandes. Der feine Sandstrand führt flach ins Wasser, nur wenn der heftige Nordwind weht, ist das Badevergnügen etwas beeinträchtigt. Oberhalb des Strandes liegt malerisch die kleine Doppelkapelle Ágios Sóstis mit Vorhof und Mauer. Ein Pfad führt von hier zu einer weiteren winzigen, kaum 30 m langen Bucht mit einer kleinen Taverne.

Fokós

→ S. 116, C 6

Von Áno Merá nach Fokós führt eine enge Straße – teils Erdpiste, teils Betonstrecke –, die auch mit dem Pkw befahrbar ist. Unterwegs passiert man einen der beiden Stauseen, die den Vögeln als Ruheplatz dienen. Der 250 m lange, von etwas grobem Sand bedeckte »Fokós Beach« ist ein idealer Platz für alle, die nach Ruhe und Einsamkeit suchen. Das einzige Haus am Strand entpuppt sich als empfehlenswerte Taverne, die allerdings nur während der Sommermonate geöffnet ist. Einige hundert Meter weiter westlich erstreckt sich Mersíni Beach. Hinter dem Namen verbergen sich zwei kleine, grobsandige Strände ohne allzu viel Charme, dafür abseits jeglicher Betriebsamkeit.

Fteliá

→ S. 115, F 4

Ganz am südlichen Ende der Bucht von Pánormos – zu erreichen über die Verbindungsstraße zwischen Mykonos-Stadt und Áno Merá – erstreckt sich der noch unverbaute Strand Fteliá. Durch die starken Nordwinde ist das Baden hier häufig kein Vergnügen; gelegentlich wird auch Strandgut angeschwemmt. Dafür gilt die Bucht vor dem 400 m langen, grobsandigen Strand als Hochburg der Starkwindsurfer. Für Könner und alle, die extreme Herausforderungen lieben, ist Fteliá der genialste Surfspot der Insel. Bei Windstärke 7 bis 10 sollte man die eigenen Fähigkeiten allerdings realistisch einschätzen können.

Etwas abseits wurden Spuren früher Besiedlung gefunden; sowohl der westlich gelegene Hügel Mavró-Spilia wie auch die Anhöhe in der Mitte der Bucht sollen bereits während des mittleren und jüngeren Neolithikums bewohnt gewesen sein. Bei Ausgrabungen fand man Teile von Gefäßen, Pfeilspitzen und Klingen aus Obsidian – einem kieselsäurereichen, glasigen Gestein – sowie Reste einer prähistorischen Siedlung, deren Anfänge bis in das 5. Jahrtausend v. Chr. zurückreichen. Für Laien sind leider kaum interessante Spuren zu entdecken.

Essen und Trinken

Akri

Hier wird traditionell griechisch gekocht: Probieren Sie doch einmal Hühnchen mit Honig.

Tel. 2 28 90/75 28 84 ●●

Pánormos

S. 115, E 2

Von der Straße nach Áno Merá zweigt kurz nach der zweiten Tankstelle eine schmale Straße ab zur Bucht von Pánormos. Unterwegs kommt man an dem meist verschlossenen Kloster Ágios Pandeleímonas vorbei, das mit seinen hohen Mauern und seiner Pechnase über der winzigen Tür an eine kleine Festung erinnert. Es wurde 1665 gegründet und birgt in seinem Inneren schöne Ikonen innerhalb einer holzgeschnitzten Ikonostase und Wandmalereien. Weiter führt der Weg am See von Maráthi vorbei, einem künstlichen Stausee, der in den Sommermonaten zur Bewässerung der Felder dient. Schließlich erreicht man nach 6 km die geschwungene, zum Teil von Dünen gesäumte Bucht von Pánormos, die mit einer Länge von 800 m eine echte Alternative zu den bisweilen überlaufenen Stränden der Südküste darstellt. Auf eine Busanbindung muss man allerdings

Möglichkeiten zur Andacht und zum Gebet gibt es auf Mykonos viele – in Kirchen, aber auch an Privathäusern.

Ausdruck besonderer Frömmigkeit oder schlicht ein Kuriosum: die kleine Doppelkapelle bei Ágios Sóstis (→ S. 77). Etwas südlich unterhalb der Kirche befindet sich ein feinsandiger Strand.

ebenso verzichten wie auf eine umfangreiche Infrastruktur. Doch zwei Tavernen und zwei Bungalowanlagen ermöglichen es den Individualisten unter den Mykonos-Besuchern, ihren Urlaub hier abseits der touristischen Zentren zu verbringen. Der feine bis grobkörnige Sandstrand geht relativ flach ins Wasser, wobei an einigen Stellen große Steine den Einstieg etwas erschweren. Im südlichen Teil geht der Sandstrand in eine kleine Dünenkette über. Die Dünen bieten zumindest etwas Schutz vor Wind und Sonne und sind bei den Badegästen entsprechend begehrt. Die Bucht ist zum Schnorcheln gut geeignet.

Hotels/andere Unterkünfte

Albatros Club Resort

Ideales Urlaubsdomizil für all diejenigen, die Ruhe und Abgeschiedenheit lieben. Gepflegte Bungalow-Anlage mit kleinem Pool. Auf Wunsch kocht Familie Xidáki auch für die Gäste des Hauses oder organisiert den Transfer nach Mykonos-Stadt.

Tel. 2 28 90/2 51 30, Fax 2 53 61; 15 Zimmer ●● ✉

MERIAN-Tipp

10 Pánormos Village

Die kleine Bungalowanlage scheint fast mit dem Hotel Albatros verwachsen zu sein, kein Wunder, gehört das Hotel doch einem anderen Zweig der Familie Xidáki. Besitzer Andreas hat einige Zeit in Mannheim gelebt und nun diesen Familienbetrieb eröffnet. Die neu errichteten kubischen Häuschen mit ihren blauen Fensterläden fügen sich gut in die Landschaft ein. Von den Terrassen und Balkonen hat man einen schönen Blick über die Meeresbucht. Die Zimmer sind einfach, aber nett eingerichtet. Zum Hotel gehört das Restaurant Pánormos, das schon seit Jahren für seine gute Küche bekannt ist: Hier wird noch traditionell griechisch gekocht, sogar das Brot wird selbst gebacken. Gemütliche Terrasse mit Blick aufs Meer.

Tel./Fax 2 28 90/2 51 82, im Winter Tel. 2 28 90/2 35 90; E-Mail: panormos@otenet.gr; www.hellastourism.gr/panormos; 14 Zimmer ●● ✉

Routen und Touren

Mehrmals täglich steuern Boote ab Mykonos-Stadt die Insel Delos (→ S. 85) an. Die historischen Ausgrabungsstätten spiegeln die einst überragende Bedeutung der Region wider. Und mit ein wenig Fantasie wird hier die antike Stadt wieder lebendig.

Das winzige Eiland Mykonos lässt sich bequem innerhalb eines Tages erkunden. Ein Ausflug zur berühmten Nachbarinsel Delos gehört zum Pflichtprogramm eines jeden Inselurlaubs.

Große Inselrundfahrt – Zu den besten Stränden und Sehenswürdigkeiten

Charakteristik: Autotour mit teils engen Küstenstraßen; **Länge:** ca. 100 km; **Dauer:** Tagesausflug; **Einkehrmöglichkeiten:** Tavernen und Bars an fast allen Stränden entlang der Strecke; **Karte:** → Umschlagkarte vorne

Da Mykonos an seiner breitesten Stelle nur 15 km aufweist, ist die Inselrundfahrt innerhalb eines Tages zu schaffen. Vielleicht entdecken Sie auf diese Weise Ihren Traumstrand.

Mykonos-Stadt → Ornós/Ágios Ioánnis

Die Rundfahrt beginnt in Mykonos-Stadt (Chóra), dem alles beherrschenden Zentrum der Insel. Von dort führt die Route zuerst zu den wichtigsten und schönsten Stränden der Insel im Südwesten des Eilands: Vorbei an dem winzigen stadtnahen Strand Megáli Ámmos folgt man der Beschilderung Richtung Ornós, wo sich zu beiden Seiten einer schmalen Landbrücke wunderschöne Strände erstrecken. Je nach Windverhältnissen kann man sich hier den zum Baden geeigneten Strand aussuchen. Nur einen Katzensprung – hinter einem Hügel – ist es von hier zum reizvollen Strand von Ágios Ioánnis. Hier wie in Ornós gibt es ausreichend Tavernen und Bars für eine erste Verschnaufpause und eine Erfrischung im kristallblauen Wasser.

Ornós/Ágios Ioánnis → Platís Gialós

Weiter geht es zunächst zurück in Richtung Mykonos-Stadt bis zur Abzweigung nach Platís Gialós. Kurz vor Platís Gialós führt rechts eine leicht zu übersehende steile Straße zum Sandstrand von Psaroú. Im dortigen Restaurant Námmos (→ S. 67) kann man sich bei einem guten griechischen Essen stärken. Die Fahrt führt von hier nach Platís Gialós, einem der beliebtesten und im Sommer entsprechend gut besuchten Strände. An einem Wassersportzentrum fehlt es hier ebenso wenig wie an zahlreichen Einkehrmöglichkeiten. Wer nun auf das Wasser umsteigen möchte, kann von dort aus mit den häufig verkehrenden Badebooten die östlich gelegenen Strände besuchen. Wer lieber mit dem eigenen Fahrzeug unterwegs ist, folgt der Straße Richtung Osten, die immer wieder vom Meer ins Landesinnere führt, bevor sie sich zur nächsten Bucht hinunterschlängelt. Weit sind die Entfernungen allerdings nicht, es sind immer nur wenige Kilometer zurückzulegen. Aufgrund der teilweise engen und steilen Straßen sollte man immer mit erhöhter Vorsicht fahren; an unübersichtlichen Stellen ist Hupen durchaus angeraten.

Platís Gialós → Super Paradise

Von Platís Gialós aus fährt man zunächst die Straße in Richtung Mykonos-Stadt zurück. An der nächsten Kreuzung hält man sich rechts, an der folgenden links. Folgt man der Straße immer geradeaus, erreicht man schließlich den Turm von Líno, von wo aus die stärker befahrene Straße zu den südlich gelegenen Stränden Agía Ánna, Paránga und Paradise Beach führt. Der winzige Agía-Ánna-Strand ist der ruhigste der drei Strände, am Strand von Paránga sorgt der dortige Campingplatz für viel junges Publikum, und den 500 m langen Paradise Beach sollte man zumindest einmal gesehen haben: Was für die einen der heißeste Platz der Insel, der ultimative Treffpunkt am Abend ist, stellt für die anderen einen Ort dar, den man lieber meiden sollte: Partystimmung fast rund um die Uhr. Dem einen gefällt's, dem anderen nicht. Gleiches gilt auch für den sich östlich

Immer wieder eröffnen sich während der Rundfahrt solch beeindruckende Panoramen, wie hier auf dem Weg zum Agrári Beach (→ S. 61).

anschließenden Strand mit dem viel sagenden Namen Super Paradise. Auf der 150 m langen Flaniermeile heißt das immerwährende Motto: »Sehen und gesehen werden«.

An den weiter östlich folgenden Stränden geht es wieder etwas ruhiger zu. Agrári heißt das nächste Ziel, ein großer, ca. 500 m langer sichelförmiger Strand, der – abgesehen von den beiden Monaten Juli und August – nur selten wirklich voll ist. Genauso groß ist der folgende Strand, Eliá, der zwar unmittelbar östlich an Agrári angrenzt, den man jedoch nur über Áno Merá erreicht. Mehrere nette Restaurants (z. B. Eliá Beach → MERIAN-Tipp, S. 62) laden dort zu einer Rast ein.

Áno Merá → Kalafáti

Nach so viel Strandatmosphäre ist es an der Zeit, dem einzigen wirklichen Dorf der Insel, Áno Merá, einen Besuch abzustatten. Der Hauptplatz des Ortes wird von typischen Tavernen gesäumt, daneben erhebt sich das festungsartig wirkende Kloster Tourlianí mit seinem marmorverzierten Glockenturm und der prächtig ausgestatteten Kirche (→ S. 69). Das zweite Kloster mit dem hübsch gestalteten Innenhof liegt nordwestlich des Zentrums, kurz vor dem Ende des Dorfes in Richtung Mykonos-Stadt rechts ab und dem Wegweiser Richtung Paleókastro folgend (→ S. 70).

Das nächste Ziel der Erkundungstour heißt Kaló Livádi, südöstlich von Áno Merá. Da die Badeboote diesen Strand nicht ansteuern, findet man hier auch in der Hauptsaison ein ruhigeres Plätzchen mit netter Taverne am östlichen Strandende. Auf der Küstenstraße geht es anschließend weiter zum kleinen Strand Agía Ánna, an den der Weiler Divoúnia mit Fischerhafen und Taverne grenzt. Der Agía-Ánna-Strand eignet sich gut für Taucher, da man die erforderliche Ausrüstung vor Ort leihen kann (→ S. 72). Der anschließende ca. 600 m lange Strand Kalafáti ist bei Surfern besonders beliebt. Auch hier steht eine Surfstation zur Verfügung, die Informationen, Ausrüstung und verschiedene Kursangebote bereithält.

Kalafáti → Fokós

Je weiter man sich von Mykonos-Stadt entfernt, umso einsamer werden die Strände. Ruhe Suchenden sind deshalb die Strände Liá und Tsángari zu empfehlen. Am Liá-Strand gibt es zwei gute, aber teure Fisch-Tavernen.

Nordöstlich von Áno Merá versprechen weitere Strände ruhige und erholsame Badefreuden. Auf passabler Straße erreicht man, vorbei an einem kleinen Stausee, der im Frühjahr von zahlreichen Wasservögeln besucht wird, den kleinen, grobsandigen Strand Fokós. Mit Mersíni gibt es westlich davon noch zwei weitere einsame Strände, die jedoch ohne große Attraktionen sind.

Áno Merá → Mykonos-Stadt

Über Áno Merá geht es zurück Richtung Mykonos-Stadt. Kurz hinter dem Dorf erblickt man rechts unten die Bucht von Fteliá – für erfahrene Surfer bei entsprechendem Wind eine beliebte Herausforderung. Weiter auf der Inselhauptstraße geht es, kurz bevor man die Stadt erreicht, rechts ab. Vorbei an dem für die Bewässerung so wichtigen Stausee Maráthi erreicht man bald die kleinen Strände von Pánormos und Ágios Sóstis (ausgeschildert). Besonders außerhalb der beiden Hauptferienmonate kann man hier ruhige Badetage verbringen, auch Tavernen sind vorhanden.

Mykonos-Stadt → Toúrlos

Der Abschluss der großen Insel-Rundfahrt führt uns von Mykonos-Stadt in den Nordwesten der Insel nach Toúrlos. Im neuen Hafen legen fast täglich Ozeanriesen und Luxus-Liner an; ein Schauspiel, das man sich nicht entgehen lassen sollte. Gleich dahinter schließt sich Ágios Stéfanos an, dessen 300 m lange Badebucht von zahlreichen kleinen Tavernen und Bars gesäumt wird. Über die Bucht von Houlákia mit ihren dicken Kieselsteinen geht es an prächtigen Villen vorbei hoch in die Berge bis zum Kap Armenistís. Vom dortigen Leuchtturm hat man einen eindrucksvollen Blick über die benachbarte Inselwelt. Zurück sollte man die Strecke über den Bergkamm zu Füßen des Profítis Ilías wählen. Während der Fahrt durchquert man eine von Trockensteinmauern durchzogene Landschaft, die leider mehr und mehr scheinbar planlos zersiedelt wird. Vom ästhetischen Standpunkt aus sind die dort errichteten Häuser und Villen allerdings durchaus beeindruckend. Auf der weiteren Rückfahrt eröffnen sich immer wieder weite Panoramablicke auf die Nachbarinseln sowie die Inselhauptstadt. Bei Toúrlos erreicht man schließlich wieder die Küstenstraße und damit Mykonos-Stadt.

Wie eine moderne Festung wirkt diese behutsam in die Landschaft integrierte Villa aus Bruchstein an der Südküste der Insel.

Ausflug zur Nachbarinsel Delos – Auf den Spuren der Götter

10

Charakteristik: Bootsausflug zu historischen Ausgrabungsstätten; **Dauer:** Tagesausflug; **Einkehrmöglichkeiten:** Caféteria neben dem Museum, tgl. 9–15 Uhr; **Anfahrt:** Bootsverkehr Mykonos-Delos tgl. außer Mo ab 8.30 Uhr, letzte Rückfahrt von Delos um 15 Uhr; **Karte:** → S. 87

Die Insel Delos, in Sichtweite vor Mykonos, ist eine Welt für sich: eine Welt der Stille und des völligen Eintauchens in eine nur schwer rekonstruierbare Vergangenheit. Trotz ihrer Länge von nur knapp 5 km und einer maximalen Breite von 1300 m galt dieses Eiland einst als Zentrum der Religion und des Handels im östlichen Mittelmeerraum. Geblieben ist davon ein riesiges Ausgrabungsfeld nebst Museum. 1990 hat die UNESCO die Insel aufgrund ihrer besonderen Bedeutung für die Apollonverehrung in die Liste des Weltkulturerbes aufgenommen.

Um das riesige Trümmerfeld der unbewohnten Insel besser zu verstehen, sollte man sich zunächst etwas mit seiner Geschichte befassen.

Geschichte

Die frühesten Spuren der Besiedlung von Delos reichen bis ins 3. Jahrtausend v. Chr. zurück. Reste von Rundhäusern konnten auf Kynthos, dem höchsten Berg der Insel, ausgemacht werden. Mitte des 2. Jahrtausends waren es die Mykener, die die Insel besiedelt hatten, ihnen folgten die Ionier, die sich, vom Festland kommend, auf den Inseln niederließen. Im berühmten Apollon-Hymnus von Homer wird Delos bereits als wichtigste religiöse Stätte der Ionier erwähnt. Der Sage zufolge hat die Apollon-Verehrung hier ihren Ursprung: Demnach fand die Göttin **Leto**, die ein Kind von Zeus erwartete, auf Delos Zuflucht vor Hera, der Gattin des Zeus. Am Fuße des Berges Kynthos gebar sie Apollon unter einer Palme. Um Apollon die Ehre zu erweisen, wurden insgesamt drei **Apollon-Tempel** errichtet; der erste stammt aus dem 7. vorchristlichen Jahrhundert. Delos war so bedeutend, dass das reiche Naxos immer wieder versuchte, die Vorherrschaft über dieses Heiligtum zu erlangen.

Nachdem die Griechen die Perserkriege siegreich beendet hatten, wurde 477 v. Chr. der **Attisch-Delische Seebund** gegründet, zu dessen Sitz Delos bestimmt wurde. Hier bewahrte man auch die gemeinsame Kasse des Bundes auf. Immer wieder gelang es dem mächtigen Athen, die Vorherrschaft über Delos zu erringen. Bereits um 540 v. Chr. erfolgte auf Druck Athens hin die erste Reinigung – **Katharsis** – der Insel, wie sie von einem Orakelspruch verlangt worden war. Es war fortan verboten, Tote auf der Insel zu begraben. Die Gräber in der unmittelbaren Umgebung des Apollontempels wurden zunächst an andere Stellen versetzt. 426 v. Chr. fand eine zweite Katharsis statt, mit der die Entfernung aller Gräber von der Insel und die Umbettung der Toten auf die Nachbarinsel Rhénia verbunden war. Außerdem war es von nun an verboten, auf der Insel Kinder zur Welt zu bringen.

Auf Delos fanden prächtige Feiern und Wettkämpfe mit Tänzen, Liedern und Faustkämpfen statt, die so genannten **Delia**, zu denen Teilnehmer aus der gesamten Ägäis und aus Kleinasien anreisten. Neue Apollontempel wurden errichtet, am Rande des Kultbezirkes entstanden prächtige **Schatzhäuser** griechischer Staaten, die wertvolle Weihegeschenke bargen.

Zwischen 314 und 166 v. Chr. erlebte Delos eine Phase relativer Unabhängigkeit, mit der eine rasante wirtschaftliche Entwicklung einherging. Delos wurde zu einem Hauptumschlagplatz für Getreide und andere Handelswaren, Händler aus Italien, Syrien, Palästina und Phönizien ließen sich auf der Insel nieder.

Auch unter der römischen Vorherrschaft setzte sich dieser wirtschaftliche Höhenflug zunächst fort. Zu Beginn des 1. Jh. v. Chr. lebten vermutlich 25 000 Einwohner aus den verschiedensten Ländern und Regionen des östlichen Mittelmeeres auf Delos. Mit der Eroberung und Zerstörung durch König Mithridates von Pontos im Jahr 88 v. Chr. wurde der Niedergang von Delos eingeleitet, von dem sich die Insel nie mehr erholt hat. Zwar gab es immer wieder bescheidene Siedlungen, doch waren sie nur mehr von lokaler Bedeutung. Hatte der griechische Dichter Pindar im 5. Jh. v. Chr. noch geschrieben: »Die Sterblichen nennen dich Delos, doch die olympischen Götter nennen dich weithin schimmernden Stern in der Erde Blau«, so traf der deutsche Reisende Ludwig Roß im Jahre 1835 auf eine »völlig wüste Insel, ein großes trauriges Trümmermeer«. Ein Ruinenfeld, dessen Erforschung bis heute nicht abgeschlossen ist.

Rundgang

Die Boote aus Mykonos bringen die Besucher an der Nordwestküste an Land, dort, wo sich schon der antike Hafen befand. Nachdem man das Kassenhäuschen passiert hat, gelangt man zu einem großen gepflasterten Platz, der **Agora der Kompitaliasten (1)**. Der Platz wurde für Zusammenkünfte der Freigelassenen und Sklaven genutzt, die die Laren, römische Gottheiten, als ihre Schutzgötter ansahen. Doch auch andere Händler haben sich hier niedergelassen und ihre Altäre errichtet. Reste solcher Altäre blieben erhalten, darunter ein marmorner Rundaltar in der Mitte des Platzes und südlich da-

Bis zu 16 Löwenskulpturen sollen einst den Geburtsort des Apollon bewacht haben.

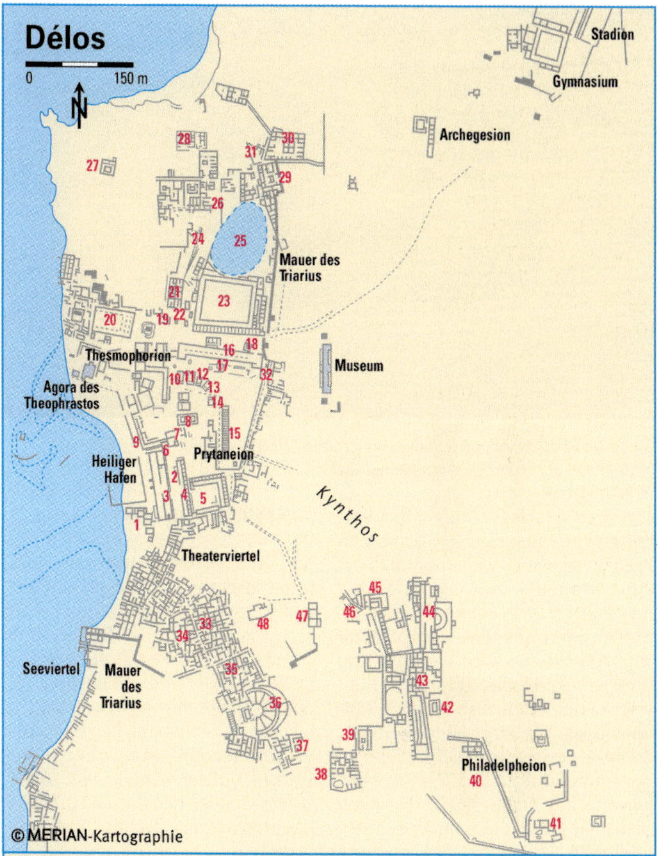

1 Agora der Kompitaliasten
2 Heilige Straße
3 Stoa Philipps V.
4 Südhalle
5 Agora der Delier
6 Propyläen
7 Haus der Naxier
8 Apollontempel der Delier
9 Naxierhalle
10 Schatzhaus
11 Schatzhaus
12 Schatzhaus
13 Schatzhaus
14 Schatzhaus
15 Halle der Stiere
16 Stoa des Antigonos
17 Mykenische Grabkammer
18 Minoa-Brunnen
19 Dodekatheon
20 Hypostyl-Saal
21 Granit-Monument
22 Tempel der Leto
23 Agora der Italiker
24 Löwenterrasse
25 Heiliger See
26 Haus der Poseidoniasten
27 Hügel-Haus
28 Haus der Komödianten
29 See-Palästra
30 Granit-Palästra
31 See-Haus
32 Heiligtum des Dionysos
33 Haus des Dionysos
34 Haus der Kleopatra und des Dioskurides
35 Haus des Dreizack
36 Theater
37 Herberge
38 Haus der Masken
39 Haus der Delphine
40 Kynthos-Höhle
41 Kynthion-Heiligtum
42 Heraion
43 Serapeion C
44 Heiligtum der Syrischen Götter
45 Haus des Inopos
46 Serapeion A
47 Hermes-Haus
48 Aphrodision

Die farbenprächtigen und detailgetreu gestalteten Fußbodenmosaike geben den hohen Stand der antiken Mosaikkunst wieder.

von ein rechteckiger Stufenaltar. Vorbei an einer halbrunden marmornen Exedra – einem kleinen Ruheraum mit Bank – erreicht man im Nordosten des Platzes eine **antike Straße (2)**, die von zwei Gebäuderesten gesäumt wird. Die Straße ist 13 m breit und führt zum Apollonheiligtum. Auf ihrer linken Seite erhob sich einst die **Philipps-Stoá (3)**, nach ihrem Stifter, dem makedonischen König Philipp V., benannt und um 210 v. Chr. Apollon geweiht. Die Optik des 72 m langen und 11 m breiten Gebäudes soll von dorischen Säulen geprägt gewesen sein. Auf der rechten Seite der Heiligen Straße erstreckte sich die **Süd-Stoá (4)**, ein 66 m langes und 13 m breites Gebäude, das im 3. Jh. v. Chr. von den Königen von Pergamon errichtet worden war. In diesem ebenfalls von 28 dorischen Säulen getragenen Monument wurden vermutlich Handels- und Bankgeschäfte abgewickelt. Direkt östlich schließt sich ein weiterer Handelsplatz an, der als **Agora der Delier (5)** bezeichnet wird. Säulengeschmückte Hallen umgaben ihn an drei Seiten, in der Mitte des rechteckigen Platzes fand man Reste einer Badeanlage.

Im Apollon-Heiligtum

Über die Heilige Straße kommt man nun zum Apollon-Heiligtum, einem trapezförmigen Gebilde mit den Ausmaßen 180 x 130 m, das vermutlich schon in mykenischer Zeit als Kultstätte genutzt wurde. Drei marmorne Stufen markieren die **Propyläen (6)**, den als Haupteingang genutzten Torbau mit seinen Resten von dorischen Säulen und einer Statue des Gottes Hermes. Auf der rechten Seite der Anlage befanden sich die Gebäude des Hauptheiligtums, weitere Gebäudereste liegen zur Linken, darunter das Heiligtum der Artemis, Schwester von Apollon (Artemision). Unmittelbar an den Torbau anschließend stößt man rechts auf das **Haus der Naxier (7)**, vermutlich im 6. Jh. v. Chr. von der Insel Naxos zu Ehren des Apollon aus weißem Marmor errichtet. Heute sind nur noch die Grundmauern erhalten. Um den Reichtum und die Bedeutung von Naxos für alle sichtbar zu machen, ließen die Naxier an der Nordseite des Hauses eine einst 9 m hohe, aus einem einzigen Block gearbeitete Marmorstatue aufstellen. Stolz verkündet die Inschrift auf dem 5 x 3,50 m großen Sockel: »Ich, Standbild und Sockel, bin aus demselben Marmor«. Reste dieses so genannten **Naxier-Kolosses** liegen in der Nähe des Artemisions. Auf der rechten Seite schließen sich die Reste der drei Apollon-Tempel an: zunächst der **Tempel der Delier (8)**, der größte und bedeutendste Tempel, dessen Errichtung 476 v. Chr. mit dem Beginn des Attisch-Delischen Bundes verbunden war. Direkt daneben der »Tempel der Athener« aus dem 5. Jh. v. Chr. und der so genannte Porós-Tempel, der älteste und kleinste der drei aus dem 6. Jh. v. Chr., von den damals noch nicht so einflussreichen Athenern erbaut.

Westlich des Torbaus erstreckte sich ein L-förmiges Gebäude, die **Naxier-Stoá (9)** aus dem 6. Jh. v. Chr. Genau dort, wo die beiden Gebäudeflügel zusammentrafen, erhob sich einst eine Bronze-Palme, 417 von dem athenischen Feldherren Nikias errichtet. Noch in antiker Zeit soll sie von einem Sturm zu Boden geschleudert worden sein und dabei den Koloss von Naxos umgerissen haben. Reste der riesigen Statue von vierfacher Lebensgröße blieben nur wenige Schritte entfernt westlich des Artemisions erhalten. Das Artemision, Heiligtum für die Schwester des Apollon, markiert den Nordwesten des Apollon-Heiligtums und ist an seinen drei wieder aufgerichteten Säulen gut zu erkennen. Östlich des Artemisions mit seinen Gebäuderesten aus verschiedenen Epochen schlossen sich fünf Gebäude kreisförmig um den Apollon-Tempel. Man hält die Bauwerke heute für **Schatzhäuser (10–14)**, in denen Weihegeschenke verschiedener Städte aufbewahrt wurden. Möglicherweise dienten sie auch als Unterkunft für die Pilger. Etwas südöstlich davon erstreckt sich ein in seiner Form ungewöhnliches Gebäude, bekannt als **Halle der Stiere (15)**. Archäologen vermuten, dass der knapp 10 m breite und 67 m lange Saal einst ein Kriegsschiff als Geschenk barg.

Die Nordseite des Heiligtums wird von einem lang gestreckten Gebäude **(16)** begrenzt, einer 120 m langen und 10 m breiten Säulenhalle. Mit ihren 47 Frontsäulen muss die Stoá schon damals beeindruckend gewirkt haben. Das Mitte des 3. Jh. v. Chr. von König Antigonos, Sohn des makedonischen Königs Demetrios, erbaute und dem Apollon geweihte Gebäude diente wohl keinen wirtschaftlichen, sondern eher religiösen Zwecken. Vor der Stoá hat man eine **mykenische Grabkammer (17)** entdeckt, die vermutlich während der Katharsis nicht entfernt wurde, weil man sie für heilig hielt. Auf der anderen Seite der Stoá, an der Nordostseite des Heiligtums, befindet sich der so genannte **Mínoa-Brunnen (18)**, ein im 6. Jh. v. Chr. über einer Quelle errichtetes Quellhaus, das in Stufen zum Wasser hinabführt. Eine das Dach tragende Granitsäule blieb noch erhalten.

Rund um den Heiligen See

Am westlichen Ende der Stoá vorbei liegen linker Hand zahlreiche Gebäudereste, darunter Teile des **Dodekatheons (19)**, das Heiligtum der zwölf Götter, zu denen auch Leto zählte. Unmittelbar anschließend in westlicher Richtung ein rechteckiger Bau, als **Hypostyl-Saal (20)** bezeichnet. Das 208 v. Chr. fertig gestellte Gebäude maß 56 x 34 m; das riesige Dach wurde von insgesamt 45 Säulen getragen. Die Funktion des Saals ist bis heute ungeklärt, möglicherweise diente es dem Getreidehandel.

Unmittelbar nördlich des Dodekatheons sind Spuren eines früher beeindruckenden Granitbaus mit einer Fläche von 40 x 20 m **(21)** erhalten. Der einst zweigeschossige Bau mit seinen zahlreichen Räumen stammt aus dem 2. Jh. v. Chr. und wurde vermutlich als religiöser Versammlungsort genutzt. Auf der anderen Seite des Weges erstreckt sich das **Letoon (22)**, ein der Göttin Leto geweihter Tempel. Unmittelbar dahinter der **Marktplatz**

der Italiker (23), mit 68 x 48 m das größte Bauwerk auf Delos. Die ein Rechteck formenden, um 110 v. Chr. errichteten Gebäude dienten unterschiedlichen Zwecken: Läden waren hier ebenso zu finden wie eine Badeanlage in der Nordostecke.

Am Letoon vorbei erreicht man das Wahrzeichen von Delos, die berühmten **Marmorlöwen (24)**. Wie viele es von diesen stolzen Wächtern gegeben hat, ist unklar, man geht heute von bis zu 16 Löwen aus. Fünf von ihnen blieben vor Ort erhalten, auch wenn es sich dabei um Kopien handelt, während die Originale im Museum zu bewundern sind. Die auf ihren Hinterpfoten sitzenden Löwen blicken gen Osten auf den **Heiligen See (25)** direkt gegenüber. Der Sage nach soll dort die Geburtsstätte des Zeus-Sohns Apollon gelegen haben. Der im 19. Jh. zum Schutz vor Malaria trocken gelegte See füllt sich nur im Frühjahr mit Wasser. Auch die Palme mitten im See stammt aus jener Zeit.

An vier wieder aufgestellten Säulen gut zu erkennen, erhebt sich nordwestlich der **Löwenterrasse** das **Haus der Poseidoniasten (26)**. Es war von Händlern und Kaufleuten aus Beirut errichtet worden, die neben anderen

Übergroße Phallus-Darstellungen im Theaterviertel erinnern an den Kult des Dionysos, der als Gott des Weins, der Vegetation und der Fruchtbarkeit verehrt wurde.

Göttern Poseidon verehrten. Weitere Häuser schließen sich in diesem Wohnviertel in nördlicher Richtung an, darunter das so genannte **Hügel-Haus (27)**, eines der am besten erhaltenen Häuser von Delos. Die Wände des Gebäudes sollen mit prächtigen farbigen Malereien verziert gewesen sein. Weiter nördlich ein Gebäudekomplex, der aufgrund der dort gefundenen Friese – komödiantische Darstellungen – als **Haus der Komödianten (28)** bezeichnet wird. Zu diesem Komplex zählt das Haus der Tritonen, dessen Mosaikfußboden ein fliegender Eros und ein Triton zierten: ein Zwitter, halb Mensch, halb Fisch (jetzt im Museum). Unmittelbar nördlich des Sees schließen sich zwei so genannte Palästren an, sportliche Übungs- und Wettkampfstätten. Die **See-Palästra (29)** wurde im 3. Jh. errichtet, die **Granit-Palästra (30)** gleich daneben stammt aus dem 2. Jh. v. Chr. Beide Anlagen besaßen einen zentralen Hof mit einer Zisterne. Das **See-Haus (31)** neben den Übungsstätten besticht noch heute durch seinen Brunnen, seine Säulen und ein Fußbodenmosaik mit geometrischen Verzierungen.

Aufgrund der beschränkten Zeit, die bei einem Besuch von Delos zur Verfügung steht, werden die meisten Besucher das in nordöstlicher Richtung gelegene Stadion, Reste weiterer Heiligtümer und Wohnviertel nicht aufsuchen können. Der Weg führt deshalb weiter am See entlang Richtung Süden, bevor man linker Hand das Museum und die kleine Cafeteria erreicht.

Archäologisches Museum

Das Museum (tgl. 9–15 Uhr) präsentiert Funde, die seit dem letzten Jahrhundert auf Delos gemacht wurden. Geht man vom Eingang geradeaus, stößt man in den ersten beiden Sälen auf archaische Skulpturen aus Naxos und Paros. Gleich am Anfang erkennt man rechts Reste der mächtigen linken Hand des **Kolosses von Naxos** (A 4094), die eine gute Vorstellung von der Größe der Gesamtfigur ermöglichen. Viele Figuren stellen nackte junge Männer mit muskulösen Körpern dar, so genannte Kourí, die typisch für die früharchaische Kunst des 7. und 6. Jh. v. Chr. sind. Beachtung verdient links eine große Sphinx (A 583), die sich auf einem schönen ionischen Kapitell erhebt, eine Arbeit aus Paros aus der Mitte des 6. Jh. v. Chr. Ihre Haltung entspricht der der berühmten Löwen von Delos. Im dritten Saal sind neben weiteren Werken der archaischen Plastik auch Werke des 5. Jh. ausgestellt. Hier sticht vor allem eine gut erhaltene Gruppe (A 4287) hervor, die einst den Tempel der Athener zierte: Boreas, der Gott des Nordwindes, entführt Oreithyia, eine junge Athenerin. Auf der rechten Seite des Saales, leider nur durch Gitter hindurch zu bewundern, werden die berühmten Löwen von Delos aufbewahrt.

Beispiele hellenistischer Kunst erwarten die Besucher in den folgenden drei Sälen. Ein Kopf des Hermes (A 6960), der im Bereich der Kompetaliasten-Agora gefunden wurde, stammt aus dem ausgehenden 5. Jh. Die imposante Figur des Poseidon (A 4120) wurde im Haus des Dionysos gefunden. Viele der hier ausgestellten Frauenstatuen stammen aus dem Theaterbezirk. Entschlossen präsentiert sich die Göttin Artemis (A 449), während sie dazu ansetzt, einen Hirsch zu töten. Auf der anderen Seite des Raumes mehrere Figuren, die mit der Sage von Dionysos in Verbindung gebracht werden, darunter Schauspieler mit Pelzen und wollenen Mänteln (A 4122 und 4123), dazwischen Dionysos auf einem Thron (A 4121).

Von besonderem Reiz ist das an einer Wand angebrachte, riesige Mosaik. Im mittleren Bereich sind die Götter Athena und Hermes zu sehen, während die dritte Figur nicht mehr zu identifizieren ist. Den hohen Stand der Mosaikkunst beweist der äußerst vielseitig gestaltete Rahmen mit Köpfen, Masken und zahlreichen dekorativen Elementen. Großformatige Plastiken beherrschen den nächsten Saal, darunter eine über 2 m hohe Statue des Gaius Ophelius Ferrus (A 4340) aus dem ausgehenden 2. Jh., die auf der Italiker-Agora gefunden wurde.

Im nächsten Raum werden Statuen und Porträts delischer Bürger sowie Grabstelen gezeigt. Individuelle Gesichtszüge prägen die Köpfe, so bei der Statue A 4136 und A 4142 und bei der Büste A 7259. Zu den seltenen Fundstücken zählt ein gut erhaltenes Bronzeblechrelief (A 1719), auf dem Artemis mit zwei Fackeln in den Händen abgebildet ist.

Besonderes Interesse verdienen die Exponate des nächsten Raumes, gewähren sie doch einen Einblick in die Innengestaltung und Ausstattung der Häuser und somit in das Alltagsleben der Menschen. Man begegnet ganz gewöhnlichen Gebrauchsgegenständen wie einfachem Kochgeschirr, Werkzeug, Gewichten und Waagen, Bronzelampen und verziertem Keramikgeschirr, aber auch feinem Goldschmuck. Besonders eindrucksvoll sind die Mosaikreste und einfachen Wandmalereien, die Wagenrennen, Faustkämpfe und Musiker zeigen, aber auch mythologische Themen aufgreifen, wie Ariadne auf Naxos und das Parisurteil. Die vorherrschende Technik, mit der die Abbildungen entstanden, war die Freskenmalerei, bei der die Farbe auf den noch nassen Putz aufgetragen wird. Eine der Vitrinen enthält Gegenstände mit erotischer Bedeutung, darunter viele Phallusdarstellungen.

Im letzten Raum rechts des Eingangs sind vor allem Funde aus den Frühphasen von Delos ausgestellt, darunter uralte Vorratsgefäße und reich verzierte Kannen und Teller. Beim Verlassen des Museums sollte man im Eingangsbereich noch einen Blick auf das Modell der rekonstruierten Anlage werfen, das eine gute Vorstellung davon liefert, wie die Ruinenwelt zu ihrer Blütezeit ausgesehen haben könnte.

Das Theaterviertel

Auf dem Weg zurück zum Ausgangspunkt unseres Rundgangs, dem Platz der Kompitaliasten, passiert man das Heiligtum des Dionysos, das **Stoibadeion (32)**. Unübersehbar die Reste zweier übergroßer Phalli auf Pfeilern, die augenscheinlich an den Dionysoskult erinnern. Den südlichen der beiden Pfeiler zieren Reliefdarstellungen, darunter ein Hahn mit Hals und Kopf in Phallusform. An der Südostecke der Kompitaliasten-Agora führt eine Straße in das so genannte Theaterviertel, das einen Einblick in die Wohnarchitektur des 2. und 1. Jh. v. Chr. liefert. Die meisten Häuser waren damals um einen Innenhof herum angelegt. Zur Straße hin besaßen die Häuser keine Fenster, Licht erhielten die Räume über den Innenhof, in dessen Zentrum oft ein Brunnen stand. Die meisten der Häuser waren einstöckig, einige auch zweistöckig, die Wände häufig mit farbenfrohen Malereien verziert.

Auf der linken Seite des Weges sind Teile des **Dionysos-Hauses (33)** erhalten, sehenswert vor allem wegen des berühmten Fußbodenmosaiks, welches ein eindrucksvolles Beispiel für die hellenistische Mosaikenkunst darstellt. Das Kunstwerk zeigt den mit Flügeln ausgestatteten Gott Dionysos auf einem Tiger reitend und mit einem Kranz aus Weinblättern und Trauben geschmückt. Ein so genanntes Kántharos, ein Weingefäß mit zwei Henkeln, liegt am Boden.

Schräg gegenüber des Dionysos-Hauses führt ein kleiner Stichweg zum **Haus der Kleopatra und des Dioskurides (34)**, an den beiden Statuen und den edlen weißen Säulen gut zu erkennen. Etwas weiter auf dem Hauptweg folgt auf der linken Seite das **Haus des Dreizacks (35)**. Die teilweise Rekonstruktion vermittelt einen guten Eindruck von der Größe der Häuser. Unter den gut erhaltenen Fußbodenmosaiken befindet sich die Darstellung eines Delfins, der sich um einen Anker windet, und ein mit Schleifen verzierter Dreizack, das namengebende Symbol des Hauses. Dem Hauptweg in südlicher Richtung folgend erreicht man das im 3. Jh. traditionell halbkreisförmig angelegte **Theater (36)**. Es zählt im unteren Bereich 26 Sitzreihen, im oberen Abschnitt weitere 17 Reihen. Damit bot die Arena Platz für mehr als 5000 Menschen. Unterhalb des Theaters erkennt man die Reste einer Zisterne, mit der das Regenwasser gesammelt wurde. Die das Dach tragenden Bögen sind noch recht gut erhalten.

Vorbei am Theater geht es nun bergan, rechts ein Gebäudekomplex, der möglicherweise als Herberge (37) diente. Die dazu gehörige Zisterne ist über 8 m tief und damit die größte auf Delos. Wir kommen zum **Haus der Masken (38)** mit einigen sehenswerten Fußbodenmosaiken, darunter Dionysos auf dem Rücken eines Panthers, Maskendarstellungen aus Komödien des antiken Theaters und ein tanzender Silen, ein Mischwesen aus Mensch und Tier. Gleich daneben das **Haus der Delfine (39)**, ein einst besonders reich ausgestattetes Haus mit einem faszinierend farbenfrohen Mosaikfußboden: Um das Zentrum des Motivs gruppieren sich reich mit geometrischen Mustern und Tierköpfen geschmückte konzentrische Kreise, in den Ecken reiten geflügelte Liebesgötter auf ungeheuer lebendig wirkenden Delfinen.

Rund um Kynthos

Der bei großer Hitze etwas mühsame Aufstieg auf den Hügel Kynthos lohnt in erster Linie aufgrund des herrlichen Ausblicks, den man von dort genießen kann. Auf dem Weg nach oben kommt man an der gleichnamigen **Höhle** vorbei **(40)**, ein Heiligtum des Herakles aus dem 3. Jh. v. Chr. Besonders imposant erscheinen die mächtigen Granitplatten, die das Dach des Heiligtums bilden. Die Heiligtümer auf dem Gipfel von **Kynthos (41)** sind wenig spektakulär; es wurden unter anderem Rundhütten entdeckt, die aus dem 3. Jahrtausend v. Chr. stammen.

An den Fuß des Hügels zurückgekehrt, öffnet sich rechts ein etwas unübersichtlich wirkendes Gelände, das wichtige Heiligtümer fremder Götter barg, die Zuwanderer aus den verschiedensten Ländern mitgebracht haben. Vorbei am **Heraion (42)**, dem Tempel der Zeus-Gemahlin Hera, stößt man auf ein bedeutendes Heiligtum ägyptischer Götter, das so genannte **Serapeion C (43)**. Am eindrucksvollsten ist die in Teilen wieder errichtete Fassade des Isis-Tempels mit zwei mächtigen Säulen und dem Kultbild der Isis. In dem sich weiter nördlich anschließenden **Gebäudekomplex (44)** wurden syrische Gottheiten verehrt, **Atargatis und Adados**. Ein winziges Theater gehört zu diesem Heiligtum, das um 100 v. Chr. errichtet wurde. Einige Schritte weiter stößt man auf eine große Zisterne, zu der 22 Marmorstufen hinabführen.

Malerisch mit seinen vier wieder errichteten Säulen zeigt sich das **Haus des Inopos (45)**, etwas weiter unterhalb das Haus mit der einen Säule, das so genannte **Serapeion A (46)**, das seinen Namen von der einzigen Säule hat, die von einem schlichten geometrischen Mosaikfußboden in die Höhe ragt. Noch etwas weiter bergab passiert man das terrassenförmig angelegte **Haus des Hermes (47)**, eine der imposantesten Wohnanlagen auf Delos, die aus mindestens drei Stockwerken bestand. Vorbei an dem heute unscheinbar wirkenden kleinen **Tempel der Aphrodite (48)** erreicht man wieder die Hauptstraße durch das Theaterviertel und damit den Weg zurück zum Hafen.

Wissenswertes über Mykonos

Wein, Weib und Gesang … die Griechen verstehen es, das Leben zu genießen. Volksmusik und Volkstänze erfreuen sich auch heute noch großer Beliebtheit. Sie zeugen von byzantinischen Traditionen, aber auch von Einflüssen aus dem Orient.

Internet- und Auskunftsadressen helfen bei der Reisevorbereitung. Reiseknigge, Sprachführer und Essdolmetscher sind unverzichtbar für einen gelungenen Aufenthalt auf der Insel.

Jahreszahlen und Fakten im Überblick

ca. 7000 v. Chr.
Älteste Siedlungsspuren auf den Kykladen. Funde deuten darauf hin, dass Mykonos seit dem mittleren und jüngeren Neolithikum bewohnt war.

5. Jahrtausend v. Chr.
Die erste nachweisbare prähistorische Siedlung entsteht bei Ftélia.

ca. 3200 v. Chr.
Entwicklung einer ersten Hochkultur auf den Kykladen. Die ältesten Spuren auf der Nachbarinsel Delos reichen bis in die Mitte des 3. Jahrtausends v. Chr. zurück.

ca. 2000 v. Chr.
Die Minoer gründen Handelsniederlassungen auf den Kykladen-Inseln.

ca. 1500 v. Chr.
Die Mykener vertreiben die Minoer. Delos entwickelt sich erstmals zu einem Mittelpunkt religiöser Kulte. Auf Mykonos wird ein mykenisches Kuppelgrab entdeckt.

ca. 1100 v. Chr.
Die vom Festland her einwandernden Ionier übernehmen den Platz der Mykener. Auch für sie bleibt Delos ein wichtiges religiöses Zentrum.

7. Jh. v. Chr.
Delos steht im Mittelpunkt des Ionischen Inselbundes. Aus diesem Jahrhundert stammt der erste von drei Apollontempeln.

6. Jh. v. Chr.
Der griechische Geograph Skylax erwähnt Mykonos unter dem Namen Dípolis. Zu dieser Zeit soll es zwei Städte auf der Insel gegeben haben.

477 v. Chr.
Gründung des Attisch-Delischen Seebundes mit Sitz auf Delos, dem Mykonos wie die übrigen Ägäischen Inseln beitritt.

478–393 v. Chr.
Herrschaft Athens über Mykonos, welches jedoch das Recht zum Prägen eigener Münzen erhält. Auf Delos werden zwei neue Apollontempel errichtet, die griechischen Staaten bauen prächtige Schatzhäuser.

166 v. Chr.
Die Römer erklären Delos zum Freihafen, Mykonos erlebt seine Blütezeit. Der Handel mit Waren aller Art, aber auch der Sklavenhandel begründen den neuen Reichtum der Insel: Bisweilen werden tausende von Sklaven an einem Tag verkauft.

395–1204
Während der byzantinischen Herrschaftsepoche gehört Mykonos anfänglich zur Provinz Achaia, später werden mehrere Inseln, darunter auch Mykonos, zu einer eigenen Verwaltungseinheit zusammengefasst. Die Inseln hatten unter anderem die Aufgabe, der Flotte des Reiches Schiffe zur Verfügung zu stellen.

1207–1390
Die Venezianer beherrschen die Ägäis, die Adelsfamilie Ghisi regiert über Mykonos.

1390
Mykonos wird Venedig direkt unterstellt und bleibt venezianisches Besitztum bis 1537.

1537
Die Osmanen unter Admiral Chaireddin Barbarossa übernehmen die Herrschaft über die Insel. Da auf die Einsetzung eines osmanischen Statthalters verzichtet wird, bleiben starke Selbstverwaltungsstrukturen erhalten.

1615
Gründung der unabhängigen Gemeinde Mykonos.

um 1700
Die Seeleute aus Mykonos genießen einen hervorragenden Ruf. Historischen Zeugnissen zufolge sind mindestens 500 der rund 3000 Einwohner Seeleute. Es gibt weit über 100 Schiffe für den Fischfang sowie Handelsschiffe, die im Warenverkehr mit dem Osmanischen Reich und weiten Teilen des östlichen Mittelmeeres eingesetzt sind.

1770–1774
Besetzung der Kykladen durch russische Truppen. An den Seeschlachten jener Jahre nehmen auch Seeleute aus Mykonos teil.

1821
Beginn des griechischen Freiheitskampfes.

1822
Im Oktober versuchen türkische Truppen eine Landung auf der Insel, die Invasion wird jedoch erfolgreich zurückgeschlagen. Unter Führung der gebildeten und einflussreichen Mykoniotin Mantó Mavrogénous (1796–1848) wird der Widerstand organisiert und finanziert.

1830
Anerkennung Griechenlands als eigenständiger Staat. In den folgenden Jahrzehnten gelingt es den Mykonioten, durch Besinnung auf ihre alte Stärke, die Seefahrt, den Wohlstand auf der Insel erneut zu festigen. Schiffe aus Mykonos sind im gesamten Mittelmeer, im Schwarzen Meer und in der Nordsee unterwegs.

Mitte 19. Jh.
Viele Einwohner verlassen die Insel und emigrieren in andere Regionen Griechenlands, nach Russland, Bulgarien oder in die USA.

1. Hälfte 20. Jh.
Bereits zwischen den beiden Weltkriegen wird Mykonos als Touristenziel entdeckt. Aus dem Jahr 1933 wird berichtet, dass über 2000 Menschen auf der Insel Urlaub machen. Auf Mykonos entsteht Griechenlands erster gemeinsamer Badestrand für Männer und Frauen.

1941–1944
Die Kykladen werden von deutschen Truppen besetzt, der Widerstand auf den Inseln formiert sich. Auf der Insel Delos wird eine Funkstation betrieben, die den Alliierten wichtige Informationen liefert.

ca. 1955
Seit Mitte der 50er-Jahre entwickelt sich Mykonos verstärkt zu einem internationalen Reiseziel.

1967–1974
Nach dem Ende der griechischen Militärdiktatur entsteht eine Demokratie westlicher Prägung.

1981
Griechenland wird gleichberechtigtes Mitglied der Europäischen Gemeinschaft. Die Regierung stellt die sozialistische Partei PASOK unter Andréas Papandréou.

1996
Kóstas Simítis wird Ministerpräsident.

2002
Auch in Griechenland ersetzt der Euro die Drachme als Landeswährung.

2004
Zum zweiten Mal nach 1896 finden in Griechenland die Olympischen Sommerspiele statt.

2007
Bei den Parlamentswahlen kann sich erneut die konservative Nea Dimokratia mit Ministerpräsident Kostas Karamanlis behaupten.

Nie wieder sprachlos

Zum kleinen Grundwortschatz sollten die Zauberwörter »efcharistó« (danke), »parakaló« (bitte) und »signómi« (Entschuldigung) gehören und als Ausdruck von vielseitiger Verwendbarkeit »jássas«. Das sagt man zur Begrüßung, zum Abschied (wie »Tschüs«, »Servus« und »Ade«), beim Heben der Gläser (»Prosit«) und wenn das Gegenüber niest – »Gesundheit« –, was denn auch die Grundbedeutung dieses Wortes ist.

Wichtige Wörter

ja	*nä*
nein	*óchi*
danke	*efcharistó*
bitte	*parakaló*
und	*ke*
Wie bitte?	*Oríste?*
Ich verstehe nicht.	*Denn katalawéno.*
Entschuldigung	*signómi*
Hallo	*jiá/jássas*
Guten Morgen/ Guten Tag	*kaliméra*
Guten Abend	*kalispéra*
Auf Wiedersehen	*jiá/adío*
Ich heiße ...	*Me léne ...*
Ich komme aus ...	*íme apó ...*
– Deutschland.	*– tin jermanía*
– Österreich.	*– tin afstría*
– der Schweiz.	*– tin elwetía*
Ich möchte ...	*Tha íthela ...*
Wie geht's?	*Ti kánete?*
Danke, gut.	*Kalá, efcharistó.*
wer, was, welcher	*pjoss, ti, pjoss*
wann	*póte*
wie viel	*pósso*
wie lange	*pósso keró*
Sprechen Sie deutsch/ englisch?	*Miláte jermaniká/ angliká?*
heute	*símera*
morgen	*áwrio*
gestern	*echtés*

Zahlen

eins	*énas, mía, éna*
zwei	*dío*
drei	*tría, tris*
vier	*téssera, tésseris*
fünf	*pénde*
sechs	*éksi*
sieben	*eftá*
acht	*októ*
neun	*ennéa*
zehn	*déka*
einhundert	*ekató*
eintausend	*chília, chílji, chíljes (n, m, f)*

Wochentage

Montag	*Deftéra*
Dienstag	*Tríti*
Mittwoch	*Tetárti*
Donnerstag	*Pémpti*
Freitag	*Paraskewí*
Samstag	*Sáwwato*
Sonntag	*Kyriakí*

Unterwegs

rechts	*deksiá*
links	*aristerá*
geradeaus	*efthía*
Wie weit ist es nach ...?	*Pósso makriá ine ja ...?*
Wie kommt man nach ...?	*Poss boró na páo sto ...?*
Wo ist ...	*Pu íne ...*
– die nächste Werkstatt?	*– to epómeno sinerjío?*
– der Bahnhof?	*– o stathmós?*
– die nächste U-Bahn-Station?	*– o epómenos* stathmós tu metró?
– der Flughafen?	*– to aerodrómio?*
– die Touristeninformation?	*– to praktorío turistikón pliroforión?*
– die nächste Bank?	*– mía trápesa edó kondá?*
– die nächste Tankstelle?	*– éna wensinádiko edó kondá?*
Bitte voll tanken!	*Jemíste, parakaló!*
Normalbenzin	*wensíni aplí*
Super	*súper*
Diesel	*petréleo*

bleifrei	*amóliwdi*
Öl	*ládi*
Panne	*wláwi*
Ich möchte ein Auto/Fahrrad mieten.	*Tha íthela na nikijásso éna aftokínito/ éna podilato.*
Wir hatten einen Unfall.	*Íchame éna atíchima.*
Wo finde ich ...	*Pu boró na wró ...*
– einen Arzt?	*– éna jatró?*
– eine Apotheke?	*– éna farmakío?*
Eine Fahrkarte nach ... bitte!	*Éna issitírio ja ... parakaló!*

Übernachten

Ich suche ein Hotel.	*Psáchno éna ksenodochío.*
Ich suche ein Zimmer für ... Personen.	*Psáchno éna domátio ja ... átoma.*
Ich möchte ein Zimmer mit Bad.	*Tha íthela éna domátio me banjo.*
Haben Sie noch Zimmer frei ...	*Échete éna domátio eléfthero ...*
– für eine Nacht?	*– ja mía níchta?*
– für zwei Tage?	*– ja dio méres?*
– für eine Woche?	*– ja mía ewdomáda?*
Ich habe ein Zimmer reserviert.	*Éklissa éna domátio.*
Wie viel kostet das Zimmer ...	*Póso kostísi to domátio ...*
– mit Frühstück?	*– me proinó?*
– mit Halbpension?	*– me éna jéwma?*
Kann ich das Zimmer sehen?	*Boró na do to domátio?*
Ich nehme das Zimmer.	*Tha to páro.*
Einzelzimmer	*monóklino*
Doppelzimmer	*díklino*
Kann ich mit Kreditkarte zahlen?	*Boró na plirós so me pistotikí kárta?*
Haben Sie noch Platz für einen Wohnwagen?	*Ipárchi chóros ke ja éna trochóspito?*
Ich möchte mich beschweren.	*Thélo na paraponethó.*
funktioniert nicht	*den liturgí*

Essen und Trinken

Die Speisekarte bitte!	*Ton katálogo, parakaló!*
Die Rechnung bitte!	*To logarjasmó, parakaló!*
Ich hätte gern ...	*Tha íthela ...*
Auf Ihr Wohl!	*Stin ijá sas!*
Wo finde ich die Toiletten (Damen/ Herren)?	*Pu íne i tualéttes (jinekíes/ andrikés)?*
Kellner/-in	*servitóros/servitóra*
Frühstück	*proinó*
Mittagessen	*mesimerianó*
Abendessen	*dípno*
Ich möchte kein(en) Fleisch/Fisch.	*Tha protimúsa na mín fáo kréas/psári.*

Einkaufen

Wo gibt es ...?	*Pu échi .../ pu ipárchi ...?*
Haben Sie ...?	*Échete ...?*
Wie viel kostet ...?	*Pósso káni/ pósso kostísi ...?*
Das ist zu teuer.	*Íne polí akriwó.*
Das gefällt mir/ gefällt mir nicht.	*Aftó mu aréssi/ dén mu aréssi.*
Ich nehme es.	*Tha to páro.*
Geben Sie mir bitte 100 Gramm/ ein Kilo ...	*Dóste mu sas parakaló ekató grammária/ éna kiló ...*
Danke, das ist alles.	*Aftá, efcharistó.*
geöffnet/ geschlossen	*aniktá/klistá*
Bäckerei	*artopiío, fúrnos*
Kaufhaus	*polikatástima*
Markt	*agorá/laikí*
Metzgerei	*kreopolío*
Post	*tachidromío*
Briefmarken für einen Brief/ eine Postkarte nach ...	*grammatóssima ja éna grámma/ ja mía kárta pros ...*

Die wichtigsten kulinarischen Begriffe

A

achinosaláta (αχινοσαλάτα): Seeigel-Salat
achládi (αχλάδι): Birne
aláti (αλάτι): Salz
arnáki (αρνάκι): Lamm
arní (αρνί): Hammel
– me patátes (με πατάτες): mit Kartoffeln
– me piláfi (με πιλάφι): mit Reis
áspro krassí (άσπρο κρασί): Weißwein
astakós (αστακός): Hummer
awgó, awgá (αυγό, αυγά): Ei, Eier

B

bakaljáros (μπακαλιάρος): Stockfisch
baklavás (μπακλαβάς): Süßspeise aus Blätterteig mit Nüssen, Mandeln, Pistazien und Honig
bámjes (μπάμιες): Okraschoten
barbúnia (μπαρμπούνια): Rotbarben
bugátsa (μπουγάτσα): süßes Blätterteiggebäck mit Sahne oder Creme gefüllt
briám (μπριάμ): in Olivenöl gekochtes Gemüse
brisóla (μπριζόλα): Kotelett (Rind oder Schwein)

C

chirinó (χοιρινό): Schwein
choriátiki (χωριάτικη): Bauernsalat mit Schafskäse
chórta (χόρτα): (gekochtes) Grüngemüse
chtapódi xidáto (χταπόδι ξυδάτο): marinierter Oktopussalat

D

diáfora orektiká (διάφορα ορεκτικά): gemischte Vorspeisen
dolmádes (ντολμάδες): mit Reis (selten mit Hackfleisch) gefüllte Weinblätter
domatósupa (ντοματόσουπα): Tomatensuppe
dsadsíki (τζατζίκι): Joghurt mit geriebener Gurke, Knoblauch, Zwiebeln und Olivenöl

E

eljés (ελιές): Oliven
ellinikós (ελληνικός): griechischer Kaffee

F

fassoláda (φασολάδα): Bohneneintopf
fassólja (φασόλια): Bohnen
fáwa (φάβα): gelbes Linsenpüree
féta (φέτα): weißer Schafskäse
fráules (φράουλες): Erdbeeren
frúta (φρούτα): Obst

G

gála (γάλα): Milch
gígandes (γίγαντες): Saubohnen
gíros (γύρος): Geschnetzeltes vom Drehspieß
gliká (γλυκά): Süßspeisen
glóssa (γλώσσα): Seezunge

I/J

jaúrti ajeládos (γιαούρτι αγελάδος): Joghurt aus Kuhmilch
– prówjo (πρόβειο): aus Schafsmilch
jemistá (γεμιστά): mit Reis (und ggf. Hackfleisch) gefüllte Tomaten und Paprikaschoten

K

kafés (καφές): Kaffee
– glikós (γλυκός): süß
– métrios (μέτριος): leicht gesüßt
– skéttos (σκέτος): ungesüßt
kalamarákja (καλαμαράκια): Tintenfische
karpúsi (καρπούζι): Wassermelone
kefalotíri (κεφαλοτύρι): Hartkäse
keftédes (κεφτέδες): Hackfleischkugeln
kléftiko (κλέφτικο): im Backofen geschmortes Lammfleisch mit Gemüse

kokkinistó (κοκκινιστο): mit Tomaten gekochtes Fleisch
kókkino krasí (κόκκινο κρασί): Rotwein
kokorétsi (κοκορετσι): am Spieß gegrillte Innereien
kolokithákia (κολοκυθάκια): Zucchini
kotópoulo (κοτόπουλο): Huhn
krassí (κρασί): Wein
– chíma (χύμα): offener Wein
kréas (κρέας): Fleisch

L

lachaniká (λαχανικά): Gemüse
lachanosaláta (λαχανοςαλάτα): Krautsalat
ládi (λάδι): Öl
lemóni (λεμόνι): Zitrone
lukániko (λουκάνικο): Bratwurst

M

marúli (μαρούλι): Romanasalat
marídes (μαρίδες): Sardellen, die frittiert mit Gräten, Kopf und Schwanz verzehrt werden
méli (μέλι): Honig
melitsánes (μελιτζάνες): Auberginen
melitsanosaláta (μελιτζάνοςαλάτα): kaltes Auberginenpüree
mesédes (μεζέδες): Vorspeisen
mílo (μήλο): Apfel
mos-chári (μοςχάρι): Kalb
mussakás (μουσακάς): Auberginenauflauf mit Hackfleisch, Kartoffeln und einer Béchamel-Sauce

N

neró (νερό): Wasser
nescafé (νέσκαφέ): Instant-Kaffee
– frappé (φραπέ): kalt
– sestó (ζεστό): heiß

O

orektiká (ορετικά): Vorspeisen
oúzo (ούζο): Anisschnaps

P

païdákja (παϊδάκια): gegrillte Lammkoteletts
pastítsio (παστίτσιο): aus Nudeln, Hackfleisch und Tomaten geschichteter Auflauf
patátes (πατάτες): Kartoffeln
– tiganités (τηγανιτές): Pommes frites
piláfi (πιλάφι): Reis, Risotto
pipéri (πιπέρι): Pfeffer
portokáli (πορτοκάλι): Orange
psári, psárja (ψάρι, ψάρια): Fisch, Fische
psomí (ψωμί): Brot

R

rísi (ρύζι): Reis
rodákino (ροδάκινο): Pfirsich

S

sáchari (ζάχαρι): Zucker
saganáki (σαγανάκι): gegrillter oder überbackener Käse
saláta (σαλάτα): Salat
sardélles (σαρδέλες): eingelegte Sardellen, kalte Vorspeisen
simariká (ζυμαρικά): Teiggerichte, auch Pasta
skórdo (σκόρδο): Knoblauch
spanáki (σπανάκι): Spinat
spanakópita (σπανακόπιτα): mit Spinat gefüllter Blätterteig
stifádo (στιφάδο): eine Art Gulasch aus Rindfleisch oder Hase mit Zwiebeln
sudtsukákja (σουτζουκάκια): Hackfleischbällchen in Sauce
súpa awgolémono (σούπα αυγολέμονο): Fisch- oder Fleischbrühe mit Reis, Eiern und Zitrone
suwláki (σουβλάκι): Schweinefleischspießchen

T

taramosaláta (ταραμοσαλάτα): Fischrogenpüree
tirópitta (τυρόπιτα): Käsetasche
tirí (τιρί): Schafskäse
tis scháras (της σχάρας): vom Grill
tónnos (τόνος): Tunfisch
tsipúra (τσιπύρα): Dorade

W

wodinó (βοδινό): Rind
wútiro (βούτυρο): Butter

Nützliche Adressen und Reiseservice

Auf einen Blick

Fläche: 88 qkm

Einwohner: 5000

Verwaltungseinheit: Mykonos gehört zur Inselgruppe der Kykladen, die aus insgesamt 27 bewohnten Inseln besteht.

Sprache: Griechisch

Religion: Fast die gesamte Inselbevölkerung gehört dem griechisch-orthodoxen Glauben an.

Wirtschaft: Der traditionelle Erwerbszweig der Inselbevölkerung – Fischfang und Landwirtschaft – sichert nur noch für wenige Bewohner den Lebensunterhalt. Fast komplett ist das Inselleben auf den Tourismus ausgerichtet. Im Sommer werden die einheimischen Kräfte durch Saisonarbeiter ergänzt.

Anreise

Mit dem Flugzeug

Mykonos wird während der Sommermonate von mehreren großen Flughäfen in Deutschland, Österreich und der Schweiz direkt angeflogen. Einige Flugverbindungen sehen einen kurzen Zwischenstopp auf der Nachbarinsel Santorin vor. Während der Saison von Anfang Mai bis Ende Oktober verkehren Charterflüge und Low-Cost-Airlines wie Germanwings ab ca. 29 € auf die Insel. Ein Flug dauert, je nach Abflugort, ca. 3 Stunden. Außerhalb der Hauptsaison ist man auf den weitaus teureren Linienflug über Athen angewiesen. Es empfiehlt sich, den knapp einstündigen Weiterflug von Athen nach Mykonos rechtzeitig zu reservieren, da die Verbindung auch im Sommer rasch ausgebucht ist. Viele Athener flüchten aus der sommerlichen Hitze der Stadt in das weitaus angenehmere Klima von Mykonos. In den Wintermonaten verkehren die Maschinen außerdem nicht mehr täglich. Weitere Flugverbindungen bestehen nach Kreta (Iraklion), Rhodos und Santorin. Detaillierte Auskünfte über Verbindungen und Platzkapazitäten erhält man bei Olympic Airways, der nationalen griechischen Fluggesellschaft (www.olympic-airways.gr und www.olympic-airways.de) sowie bei Aegean Airlines (www.aegeanair.com).

Der kleine Flughafen, seit 1986 in Betrieb und nur mit bescheidenen Serviceeinrichtungen ausgestattet, liegt 3 km außerhalb der Stadt. Für Pauschaltouristen stehen Transferbusse zu den gebuchten Hotels bereit. Da die Entfernungen auf der Insel sehr gering sind, erreicht man damit zügig sein Quartier. Individualtouristen nutzen am besten die preisgünstigen Taxis zur Weiterfahrt in das Hotel. Es gelten für bestimmte Entfernungen feste Tarife, so dass die Kosten gut kalkulierbar sind.

Taxi-Ruf
Tel. 2 28 90/2 24 00 (tagsüber), 2 28 90/2 37 00 (nachts).

Olympic Airways
Platía Niochóri, Tel. 2 28 90/2 24 90; am Flughafen, Tel. 2 28 90/2 23 27, Fax 2 58 90

Mit dem Schiff

Vom italienischen Hafen Ancona erreicht man das griechische Festland – je nach Fähre – in 20 bis 36 Stunden. Von dort geht es weiter nach Piräus oder Rafína, von wo Verbindungen nach Mykonos bestehen, zumeist mit Zwischenstopps. Vom Festland aus dauert die Fahrt etwa vier bis sechs Stunden. Bei sehr stürmischer See kann es passieren, dass der Hafen von Mykonos nicht angelaufen werden kann und man unter Umständen einen mehrtägigen Zwischenstopp auf einer anderen Insel einlegen muss. Schnellboote erreichen Mykonos bereits in zwei bis drei Stunden, sind allerdings noch anfälliger bei rauer See. Eine Fahrt mit dem Schnellboot kostet etwa 40 €. Eine Fahrt mit einem der großen Fährschiffe ist mit 7 bis 20 € für die einfache Strecke etwas günstiger.

Informationsbüro Hafenbehörde Mykonos; Tel. 2 28 90/2 22 18;
Hafenbehörde Piräus; Tel. 2 10/4 51 13 11;
Hafenbehörde Rafina; Tel. 2 29 40/2 33 00;
an der Hafenpromenade von Mykonos-Stadt verkaufen die dort vertretenen Agenturen Schiffstickets zu zahlreichen Zielen der griechischen Inselwelt.

Echte Griechenland-Fans schwören auf das »Island Hopping«, das mittlerweile auch einige Reiseveranstalter in ihr Programm aufgenommen haben. Wer seinen Urlaub nicht auf einer einzigen Insel verbringen möchte, hat so die Möglichkeit, verschiedene Kykladeninseln kennen zu lernen. Für den Transport von einer Insel zur nächsten nutzt man die zahlreichen Fährverbindungen. Die Zentrale für Fremdenverkehr gibt jährlich im späten Frühjahr die aktualisierte Broschüre »Innergriechische Fährverbindungen« heraus, die eine Übersicht über Verbindungen und Preise enthält.

Reedereien:
- **Anek Lines: www.anek.gr**
- **Blue Star Ferries: www.bluestarferries.com**
- **Minoan Lines: www.minoan.gr**
- **Superfast Ferries: www.superfast.com**
- **Ventouris Ferries: www.ventouris.gr**

Auskunft

Griechische Zentrale für Fremdenverkehr

In Deutschland
- **Neue Mainzer Str. 22, 60311 Frankfurt/Main; Tel. 0 69/25 78 27-0, Fax 25 78 27-29; E-Mail: info@gzf-eot.de**

Die zwischen den griechischen Inseln regelmäßig verkehrenden Fähren werden von vielen Urlaubern zum »Inselhopping« genutzt.

- Wittenbergplatz 3 a, 10789 Berlin;
  Tel. 0 30/2 17 62 62, Fax 2 17 79 65
- Neuer Wall 18, 20149 Hamburg;
  Tel. 0 40/45 44 98, Fax 45 44 04
- Pacellistr. 2, 80333 München;
  Tel. 0 89/22 20 35, Fax 29 70 58

In Österreich
Opernring 8, 1015 Wien;
Tel. 00 43/1/5 12 53 17, Fax 5 13 91 89;
E-Mail: grect@vienna.at

In der Schweiz
Löwenstr. 25, 8001 Zürich;
Tel. 00 41/1/2 21 01 05, Fax 2 12 05 16;
E-Mail: eot@bluewin.ch

Eine offizielle Informationsstelle für Touristen ist auf Mykonos nicht vorhanden. Bei Problemen kann man sich an die Touristenpolizei (Tel. 2 28 90/ 2 24 82) am Hafen wenden oder an das Informationsbüro der Gemeinde Mykonos (Tel. 2 28 90/2 24 82). Gleich neben der Anlegestelle und am Flughafen gibt es auch Vermittlungsbüros für Hotels, Zimmer und Camping.

- Sea & Sky;
  Tel. 2 28 90/2 82 40, Fax 2 45 82;
  E-Mail: sea-sky@otenet.gr
- Vacation Greece Travel;
  Tel. 2 28 90/2 81 50, Fax 2 20 66;
  www.vacation-mykonos.net
- Windmills Travel & Tourism;
  Tel. 2 28 90/2 65 55;
  E-Mail: info@windmills-travel.com

Auskünfte über Abfahrten und Ankünfte der zahlreichen Fähren erteilt neben den verschiedenen Schiffsagenturen auch die Hafenverwaltung (Tel. 2 28 90/2 22 18). In vielen Fällen können auch die Büros kommerzieller Reiseveranstalter in Mykonos-Stadt weiterhelfen.

Bevölkerung

Während die Zahl der Bewohner im Winter nur bei rund 6000 Menschen liegt, nimmt die Einwohnerzahl im Sommer, bedingt durch die vielen Saisonkräfte, auf etwa 17 000 zu. Die Insel lebt zu mehr als 90 % vom Tourismus, der einst so wichtige Fischfang und auch die Landwirtschaft ernähren nur noch einige Dutzend Familien und dienen oft nur der Selbstversorgung.

Auch wenn sich die meisten Mykonioten zur griechisch-orthodoxen Kirche bekennen, zeigen die Bewohner doch ein Ausmaß an Toleranz, wie es die strengen Vorschriften der orthodoxen Kirche anderswo kaum erlauben.

Verglichen mit anderen Inseln Griechenlands sind die Mykonioten im Durchschnitt sehr wohlhabend. Die Insel ist bei reichen Athenern oder auch bei Ausländern als Zweitwohnsitz sehr beliebt. Viele von ihnen besitzen Häuser oder Villen, die damit auch das Gesicht der Insel prägen.

Diplomatische Vertretungen

Botschaft der Bundesrepublik Deutschland
Karaoúli ke Dimitríou 3, 10675 Athen;
Tel. 2 10/7 28 51 11, Fax 7 25 12 05

Botschaft der Republik Österreich
Leofóros Alexándras 26, 10683 Athen;
Tel. 2 10/8 21 10 36, Fax 8 21 98 23

Schweizer Botschaft
Iassíou 2, 11521 Athen;
Tel. 2 10/7 23 03 64, Fax 7 24 92 09

Buchtipps

Die Rebellin. In diesem spannenden Roman schildert Martina Kempff den Weg der jungen Mando von einer verwöhnten Tochter aus reichem Haus zur Anführerin des Freiheitskampfes der Mykonioten gegen die Osmanen im 19. Jh. (Knaur, 2001).

Griechische Inseln. Der große Griechenlandkenner und Schriftsteller Lawrence Durrell, dem wir so viele Bücher über griechische Inseln und die griechische Mentalität verdanken, singt ein Loblied auf Mykonos und das benachbarte Delos. Zurzeit nur in

Büchereien und Antiquariaten erhältlich (Rowohlt, 1978).

Im Zauber der griechischen Landschaft. Einfühlsame Beschreibung sagenumwobener Landschaften; von einem heimatverliebten jungen Griechen, Nikos Katzantzakis, in den 20er-Jahren des letzten Jahrhunderts aufgezeichnet (Ullstein TB, 1996).

Nix los auf Mykonos? Griechische Inseln – Drei Urlaubsromane für Kinder. Rudi Lause hat in seinem Sammelband drei Romane für Kinder zusammengefasst, wovon einer auf Mykonos spielt. Gut geeignet als Lektüre vor Ort, weil zahlreiche örtliche Gegebenheiten im Buch auftauchen. Im Roman geht es um die beiden Freunde Christian und Stratos, die auf Mykonos gemeinsam Jagd auf einen unfallflüchtigen Autofahrer machen (Books on Demand, 2001).

Entfernungen

Die Entfernungen auf der kleinen Insel sind sehr gering. Hier einige Beispiele für wichtige Verbindungen:

Chóra → Flughafen: 3 km
Chóra → Ágios Ioánnis: 5 km
Chóra → Platís Gialós: 4 km
Chóra → Áno Merá: 8 km
Chóra → Paradise Beach: 5 km

Feiertage

An nationalen Feiertagen sind alle Büros, Banken, Behörden und Geschäfte – von Souvenirläden und Autovermietungen abgesehen – geschlossen.

1. Januar	Neujahr
6. Januar	Dreikönigstag
25. März	Tag der Unabhängigkeit
Orthodoxes Osterfest	2006: 23. April Ostersonntag; 2007: 8. April Ostersonntag
1. Mai	Tag der Arbeit
Pfingsten	(50 Tage nach dem orthodoxen Osterfest) 2006: 12. Juni: Pfingstsonntag; 2007: 27. Mai Pfingstsonntag
15. August	Mariä Himmelfahrt
28. Oktober	Óchi-Tag (Nationalfeiertag)
25./26. Dezember	Weihnachten

Einen Großteil des Fangs – wie diese zum Trocknen aufgehängten Tintenfische – verkaufen die einheimischen Fischer an die örtlichen Hotels und Restaurants.

Fotografieren

Auf der Insel gibt es ausreichend Möglichkeiten, Filme zu kaufen oder – zum Teil in kürzester Zeit – zu entwickeln. Nicht immer werden Filme in den Geschäften sachgerecht gelagert, so dass man das Filmmaterial besser von zu Hause mitnimmt, was auch günstiger ist. Wegen der starken Sonnenstrahlung ist es empfehlenswert, einen UV-Filter zu verwenden. Die besten Lichtverhältnisse herrschen übrigens vormittags und am späten Nachmittag.

Geld

Seit dem ersten Januar 2002 ist der Euro gesetzliches Zahlungsmittel in Griechenland.

Die Banken sind Mo–Fr von 8–14 Uhr geöffnet, in der Hauptsaison zum Teil auch länger. An den Geldautomaten kann man mit der Maestro-Karte (vormals EC-Karte) oder den gängigen Kreditkarten wie Visa und Mastercard rund um die Uhr Geld abheben. Geldautomaten befinden sich an der Uferpromenade in Mykonos-Stadt, am Fábrika-Platz und am Flughafen. Kreditkarten werden auch von den meisten Hotels, Restaurants und Mietwagenfirmen akzeptiert.

Notrufnummern bei Verlust der Kreditkarte:

American Express: 0 69/75 76 10 00
Diners Club: 0 69/26 03 50
EC/Maestro: 0 18 05/02 10 21
Eurocard: 0 69/79 33 19 10
Visa: 0 69/66 57 13 33

Internet-Adressen

www.sonnenziele.net/mykonos.htm
Ein erster kurzer Überblick über Landschaft, Sehenswürdigkeiten, Strände und Nachtleben (deutsch).

Auch auf Mykonos gibt es sie noch, die typischen kleinen Kioske mit ihrem scheinbar unerschöpflichen Warenangebot, das oft bis spät abends erhältlich ist.

www.schwarzaufweiss.de/ griechenland/mykonos1.htm
Die Reisereportage informiert über den ökologischen Weinbau auf der Insel, gibt einen kurzen Gesamtüberblick und praktische Tipps (deutsch).

www.mykonosgreece.com
Zahlreiche Hotelauskünfte, aber auch einige allgemeine Informationen (englisch).

www.artistsofmykonos.com
Die Seite stellt die auf der Insel lebenden Künstler Brian Piccini, Monika Derpapas und Richard James North vor, die auch eine Galerie auf Mykonos betreiben (englisch).

www.travel-to-mykonos.com
Überblick über die wichtigsten Sehenswürdigkeiten der Insel, aber auch Infos über Hotels, Restaurants, Strände und Einkaufsmöglichkeiten.

Nebenkosten in Euro

1 Tasse Kaffee	1,00–3,00
1 Bier	2,00–4,00
1 Cola	1,00–3,00
1 Brot (ca. 500 g)	0,70–1,50
1 Schachtel Zigaretten	2,00–2,50
1 Liter Benzin	ca. 0,80
Fahrt mit öffentl. Verkehrsmitteln	1,00–1,60
Mietwagen/Tag	ab 40,00

Stand: Januar 2008

Medizinische Versorgung

Eine medizinische Grundversorgung ist in Griechenland überall gewährleistet, jedoch liegt der Standard der medizinischen Betreuung unter dem bei uns üblichen. Bei schweren Erkrankungen sind deshalb Rücktransport und Behandlung im Heimatland zu empfehlen.

Griechenland hat mit Österreich und Deutschland ein Sozialversicherungsabkommen abgeschlossen, so dass die Behandlung im Prinzip kostenlos ist bzw. mit der Krankenkasse zu Hause verrechnet wird. Das Prozedere ist allerdings etwas kompliziert: Der Auslandsreise-Krankenschein, den man vor Reiseantritt bei seiner Krankenkasse anfordern sollte, muss vor Ort bei der griechischen Krankenkasse IKA eingetauscht werden, die dann Kassenärzte für die Behandlung benennt. Es empfiehlt sich in jedem Fall, eine zusätzliche private Auslandskrankenversicherung abzuschließen. Diese übernimmt nicht nur die Behandlung bei einem Arzt Ihrer Wahl, sondern auch den medizinisch notwendigen Rücktransport in das Heimatland. Behandlungen in Notfällen sind für Ausländer kostenlos.

- **Das Hospital von Mykonos ist von 9–13 und 17–22 Uhr geöffnet; Tel. 2 28 90/2 39 98, 2 39 94**
- **Erste Hilfe-Telefon Mykonos-Stadt Tel. 2 28 90/2 22 74**
- **Erste Hilfe-Telefon Áno Merá Tel. 2 28 90/7 13 95**
- **Privates Gesundheitszentrum (Medical Center), neben der Shell-Tankstelle; Tel. 2 28 90/2 74 07**

Auf der Insel sind mehrere Ärzte und Zahnärzte tätig; die Adressen erhält man im Notfall im Hotel. Apotheken (»farmakíon«) sind durch ein rotes oder grünes Kreuz erkennbar. Hier kann man zahlreiche Medikamente rezeptfrei kaufen; es sind jedoch nicht alle bei uns gängigen Medikamte erhältlich. In Mykonos-Stadt gibt es mehrere Apotheken, z. B. in der Matogiánni, Tel. 2 28 90/2 37 70, sowie am Dorfplatz von Áno Merá. Den Apotheken-Notdienst erreicht man über das Gesundheitszentrum, Tel. 2 28 90/2 44 07.

Notruf
Die Polizei ist unter folgenden Rufnummern erreichbar:
Tel. 2 28 90/2 27 16, 2 22 35

Öffnungszeiten
Die Museen auf Mykonos haben in der Regel Di-So von 8–15 Uhr geöffnet, wichtige Stätten in den Sommermonaten oft 8–19 Uhr. Banken stehen ihren Kunden Mo–Do 8–14 Uhr, Fr 8–13.30 Uhr zur Verfügung. Geschäfte sind in der Hauptsaison meist bis 22 Uhr geöffnet, an manchem Kiosk kann sogar bis spät in die Nacht einkaufen.

Post
Das Porto für Briefe und Karten nach Mitteleuropa beträgt einheitlich 0,65 €. Mit einer Beförderungszeit von mindestens einer Woche sollte man allerdings rechnen. Dort, wo Postkarten verkauft werden, sind meist auch Briefmarken gegen einen kleinen Aufschlag erhältlich. Die Post ist Mo–Fr von 7.30–14 Uhr geöffnet.

Reisedokumente
Für Erwachsene genügt ein gültiger Personalausweis. Kinder unter 16 Jahren benötigen einen Kinderausweis mit Lichtbild oder einen Eintrag im Pass der mitreisenden Eltern.

Reiseknigge
Die stärksten Unterschiede zwischen Mitteleuropäern und Griechen bestehen in Gestik und Mimik. Lachen ist nicht immer ein Ausdruck von Freundlichkeit, sondern kann durchaus ein Zeichen von Wut sein. Auch das bei uns verbreitete Winken kann als Geste der Beleidigung verstanden werden, ein Kopfnicken wird sogar als »nein« verstanden, ein Kopfschütteln, begleitet von einem »nä«, bedeutet »ja«.

FKK
Auch wenn Nacktbaden in Griechenland offiziell verboten ist, gehört FKK an einigen Stränden wie selbstverständlich zum üblichen Bild auf Mykonos. Schnell merkt der Besucher, wo Nacktbaden toleriert wird. Am Paradise Beach und Super Paradise Beach ist dies der Fall. »Oben ohne« hat sich an den meisten Stränden weitgehend durchgesetzt. Man sollte sein Verhalten jedoch auf die jeweiligen Umstände abstimmen, da die Moralvorstellungen der meisten Griechen nicht unseren heimischen entsprechen.

Fotografieren
Beim Fotografieren von Einheimischen sollte man wie überall die notwendige Zurückhaltung wahren und im Zweifelsfall lieber um Einverständnis bitten. Auf Delos darf man überall ungehindert fotografieren, allerdings ist in den Museen beider Inseln die Benutzung eines Blitzlichtes und Stativs nicht gestattet.

Kleidung
Auch wenn die einheimische Bevölkerung einiges gewohnt ist, sollten Badehose und Bikini nur am Strand getragen werden. Zum Essen oder für den Stadtbummel sind zumindest kurze Hosen und ein T-Shirt angemessen. Für den Besuch von Kirchen und Klöstern ist Schulter und Knie bedeckende Kleidung vorgeschrieben.

Trinkgeld
Bei zufrieden stellendem Service sind 5 bis 10 Prozent Trinkgeld angemessen.

Reisewetter
Die Saison auf Mykonos reicht von Anfang Mai bis Ende Oktober. Das Wetter ist in dieser Zeit recht stabil, also warm und trocken. Im Frühjahr und Herbst kommt es gelegentlich zu Regenschauern. Auch wenn während der Hauptreisezeit im Juli und August die Quecksilbersäule bisweilen auf über 30 °C ansteigt, so sorgt doch der

auf Mykonos fast beständig wehende Wind für erträgliche Verhältnisse. Wenn allerdings der gefürchtete Meltémi aus Nordosten über die Insel fegt und die Haut wie Sandpapier anraut, bekommt das Gesicht so manchen Sonnenanbeters grimmige Züge. Für diesen Fall sollte man – auch in den heißen Sommermonaten – eine Windjacke, Pullover und lange Hosen einpacken. In der Vor- und Nachsaison im Frühjahr und Herbst gehört Regenschutz ebenso ins Gepäck wie wärmere Übergangskleidung für die Abendstunden. Baden ist auf Mykonos während der gesamten Saison möglich, wobei die Wassertemperatur im Mai mit rund 18 °Celsius noch ziemlich frisch ist. An felsigen Stränden und auf heißem Sand erweisen sich Badeschuhe als sehr hilfreich, eine Kopfbedeckung als Sonnenschutz ist auf jeden Fall angebracht. Ende Oktober schließen die meisten Hotels, nur wenige bleiben während der Wintersaison geöffnet, obwohl die Temperaturen auch in den Wintermonaten häufig mild sind. Fast alle Restaurants, Bars und Geschäfte der Insel haben während dieser Zeit geschlossen, das Leben ist ganz auf die Bedürfnisse der Einheimischen ausgerichtet.

Sprache

Englisch ist die vorherrschende Fremdsprache auf der Insel, jedoch wird in vielen Hotels und Restaurants auch Deutsch gesprochen. Fast alle Schilder weisen neben der griechischen Beschriftung auch eine Umschrift in lateinischen Buchstaben auf. Da diese selbst vor Ort häufig uneinheitlich ist, orientieren sich die Schreibweisen in diesem Reiseführer an der Aussprache: Die mit einem Ak-

Mit dem Mietwagen kann man die ganze Insel gut auf eigene Faust erkunden.

zent versehene Silbe wird betont. Übrigens: Die Griechen freuen sich sehr, wenn man zumindest einige Ausdrücke in der Landessprache beherrscht, was auch nicht schwierig ist (→ Sprachführer, S. 98).

Stromspannung

220 Volt Wechselstrom; die bei uns üblichen Stecker können fast überall ohne Adapter verwendet werden.

Telefon

Vorwahlen:

D, A, CH → GR 00 30
GR → D 00 49
GR → A 00 43
GR → CH 00 41

Bei Gesprächen von Griechenland nach D, A, CH entfällt nach der Landesvorwahl grundsätzlich die Null der Ortsvorwahl. Dies gilt nicht für Gespräche nach Griechenland. Hier ist immer die vollständige zehnstellige Teilnehmernummer zu wählen. Auch innerhalb Griechenlands gibt es keine Vorwahlnummern, die weggelassen werden könnten. Abgesehen von einigen Notrufnummern ist jede Nummer zehnstellig.

Für das Telefonieren ist in Griechenland nicht die Post, sondern die staatliche Telefongesellschaft OTE zuständig. Öffentliche Fernsprechapparate funktionieren auf Mykonos nur mit Telefonkarten; Karten gibt es ab 3 € von 100 bis 1000 Einheiten. Sie erhalten sie in Geschäften, an Kiosken und bei der OTE.

Ein Drei-Minuten-Gespräch nach Deutschland, Österreich oder in die Schweiz kostet etwa 3,50 €. Für Telefongespräche vom Hotel aus müssen Sie mit erheblichen Gebührenaufschlägen rechnen, das gilt auch für Geschäfte und Reisebüros.

Tiere

Für die Mitnahme von Hunden und Katzen benötigen Sie ein amtstierärztliches Zeugnis in englischer Sprache, das nicht älter als 14 Tage sein darf, sowie eine Tollwutimpfbescheinigung, die nicht älter als 12 Monate sein darf.

Trinkwasser

Das Leitungswasser kann zum Zähneputzen verwendet werden, zum Trinken sollte man jedoch besser Mineralwasser verwenden. Da Wasser auf Mykonos knapp ist und im Sommer manchmal mit Tankschiffen angeliefert werden muss, sollte man sparsam mit dem kostbaren Nass umgehen.

Verkehrsverbindungen

Die meisten Straßen, auch die Verbindungen zu den wichtigsten Stränden auf Mykonos, sind asphaltiert. Allerdings sind sie oft eng und unübersichtlich, so dass erhöhte Aufmerksamkeit erforderlich ist. Lediglich zu den entfernten Stränden im Osten der Insel führen Staubpisten, die man am besten mit einem Jeep befährt. Da Mykonos-Stadt für Autos gesperrt ist, muss man sein Fahrzeug auf einem der Parkplätze am Stadtrand abstellen. Bei einigen Autovermietern kann man das dort gemietete Fahrzeug auch für die Dauer des Stadtbesuchs abstellen. Mietautos sollte man vor der ersten Fahrt auf den Zustand des Reservereifens untersuchen.

Mietfahrzeuge

Ob offener Jeep mit Allradantrieb, praktischer Kleinwagen, Motorrad, Vespa oder Mofa – die Palette an Mietfahrzeugen ist groß, ebenso wie die Zahl der Vermietstationen. Da es im Sommer nicht selten zu Unfällen kommt, bei denen Alkohol im Spiel ist, ist besonders die Fahrt mit einem Zweirad nicht ohne Risiko. Wer auf das eigene Fahrzeug verzichten kann, erreicht alle wichtigen Orte auf Mykonos problemlos mit Bussen und Booten. Auch die preisgünstigen Taxis sind eine gute Alternative zum Mietwagen. Mietwagen gibt es ab ca.

350 € pro Woche, Mofas ab ca. 10–16 € pro Tag.

Tankstellen: ECO, Richtung Platís Gialós und in Áno Merá; BP Richtung Áno Merá, Shell, in Stadtnähe. Sie sind in der Regel zwischen 7 und 19.30 Uhr geöffnet, in der Hochsaison bis 21.30 Uhr.

Öffentliche Verkehrsmittel
Auf Mykonos kann man sich sehr preiswert mit öffentlichen Bussen fortbewegen. Von zwei Busterminals aus erreicht man die wichtigsten Ziele der Insel. Unweit der Fährhafens hinter dem Archäologischen Museum in der Odós Polikandrioti starten die Busse nach Toúrlos und Ágios Stéfanos, nach Áno Merá und zum Eliá-Strand sowie nach Kalafátis. Das zweite Busterminal, Láka genannt, liegt am Ende der Odós Xénias am Fábrika-Platz. Von hier starten die Busse nach Ornós, Psaroú, Platís Gialós und Ágios Ioánnis, zum Paradise Beach und nach Paránga. In der Nebensaison verkehren die Busse weitaus seltener als während der Sommermonate. Der Preis für eine Kurzstrecke beträgt 1 €, für eine Langstrecke 1,60 €. Die Strände Super Paradise, Agrári und Kaló Livádi sind nicht mit Bussen erreichbar.

Badeboote
Von Platís Gialós aus (etwas seltener auch von Ornós aus) verkehren preiswerte Badeboote zu den schönsten Stränden der Südküste bis zum Strand Eliá. Die Abfahrtszeiten, die sich auch nach dem jeweiligen Besucherandrang richten, werden auf einer Tafel im Hafen bekannt gegeben. Die Badeboote sind ein sehr beliebtes Fortbewegungsmittel bei jüngeren Besuchern.

Taxis
Auf Mykonos gibt es offizielle, verbindliche Tarife zwischen verschiedenen Punkten. Die Kosten einer Taxifahrt sind damit gut abzuschätzen. Noch günstiger wird die Fahrt, wenn man sich, wie überall in Griechenland üblich, ein Taxi mit anderen Fahrgästen teilt. Falls man zu einer bestimmten Uhrzeit Taxi fahren möchte, sollte man frühzeitig reservieren, da die Zahl der Taxis begrenzt ist. Auch nachts ist häufig mit Wartezeiten zu rechnen. Der zentrale Stellplatz ist an der Platía Mavrogénnous.

Kurzstrecken kosten ca. 4 €, Langstrecken 8 €;
Taxi-Ruf Tel. 2 28 90/2 24 00 (tagsüber), 2 28 90/2 37 00 (nachts)

Zeitungen
Internationale Zeitungen und Zeitschriften werden im International Press Shop am Hafen hinter der National Bank angeboten.

Zeitverschiebung
In Griechenland gilt die Osteuropäische Zeit (OEZ). Ganzjährig muss man die Uhr um eine Stunde vorstellen.

Zoll
Seit einigen Jahren werden an den Binnengrenzen der Europäischen Union keine Zollkontrollen mehr durchgeführt (Sicherheitskontrollen gibt es jedoch weiterhin). Somit gibt es auch keine mengenmäßigen Ein- und Ausfuhrbeschränkungen für Tabak, Alkohol etc. Es muss allerdings erkennbar sein, dass die Waren, die Sie mitführen, ausschließlich für den Privatgebrauch bestimmt sind. Sollten die Grenzbehörden den Verdacht haben, dass Sie mit den Waren handeln, werden Sie zur Versteuerung herangezogen. Folgende Mengenbeschränkungen gelten für Staatsangehörige von Drittländern wie der Schweiz pro Person: 200 Zigaretten oder 100 Zigarillos oder 50 Zigarren oder 250 g Tabak, 1 l Spirituosen oder 2 l Likör und 2 l Wein; 50 g Parfüm oder 250 ml Eau de Toilette.

Weitere Auskünfte erhalten Sie unter www.zoll.de, www.bmf.gv.at/zoll und www.zoll.ch.

Kartenatlas

Orientierung leicht gemacht: mit Planquadraten und allen Orten und Sehenswürdigkeiten.

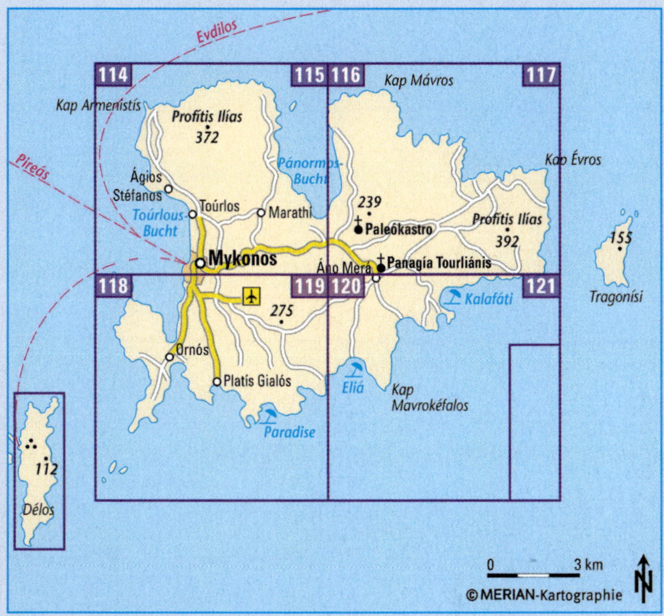

Legende

Routen und Touren

- Große Inselrundfahrt (S. 82, Umschlagkarte vorne)

Sehenswürdigkeiten

- MERIAN-TopTen
- MERIAN-Tipp
- Sehenswürdigkeit, öffentl. Gebäude
- Sehenswürdigkeit Kultur
- Sehenswürdigkeit Natur
- Kirche; Kloster
- Kirchen-; Klosterruine
- Schloss, Burg; Ruine
- Museum
- Denkmal
- Leuchtturm
- Windmühle
- Archäologische Stätte

Verkehr

- Autobahn
- Autobahnähnliche Straße
- Fernverkehrsstraße
- Hauptstraße
- Nebenstraße
- Unbefestigte Straße, Weg
- Fußgängerzone
- Parkmöglichkeit
- Busbahnhof
- Bushaltestelle
- Taxistand
- Schiffsanleger
- Flughafen
- Flugplatz

Sonstiges

- Information
- Theater
- Markt
- Camping
- Strand
- Aussichtspunkt

A
B
C
1
2
3
4
Ägäisches Meer
Evdilos
Kap Armenistís
Vardi
373
Baltá
Houlákia-
Bucht
Houlákia
Paradísia
Pireás
Kap
Vourvoúlakas
Ág.
Stéphanos
Ág.
Stéphanos
Toúrlos
Toúrlos-Bucht
Ermoúpoli
Páros
Archäol.
Museum
Volkskundliches Museum
Ágios Nikólaos
Paraportianí-Kirche
Agia Kirial
Mitropoli-Kathe
Kath. Kirche
Seefahrtsmu
Kavouras
Ágiou Geórgios
Mykonos-Stadt
A
B
C

118

D
E
F
1
2
3
4
Kap Liboúnia
Marmaronisi
Prof. Ilías
372
Ág. Sóstis
Ág. Sóstis
Pánormos
10
Pánormos-
Bucht
116
Pánormos
Ágiou
Geórgios
108
Mavróspilia
Ágiou Paraskeví
Maráthi
Ftelía
Ág.Pandeleímonas
Fteliás
Archäol.
Fundstätte
Ghísi-
Kloster P
Megálo Vouní
135
Ágiou Patápios
239
D
119
E
0
213
900 m
N
© MERIAN-Kartographie

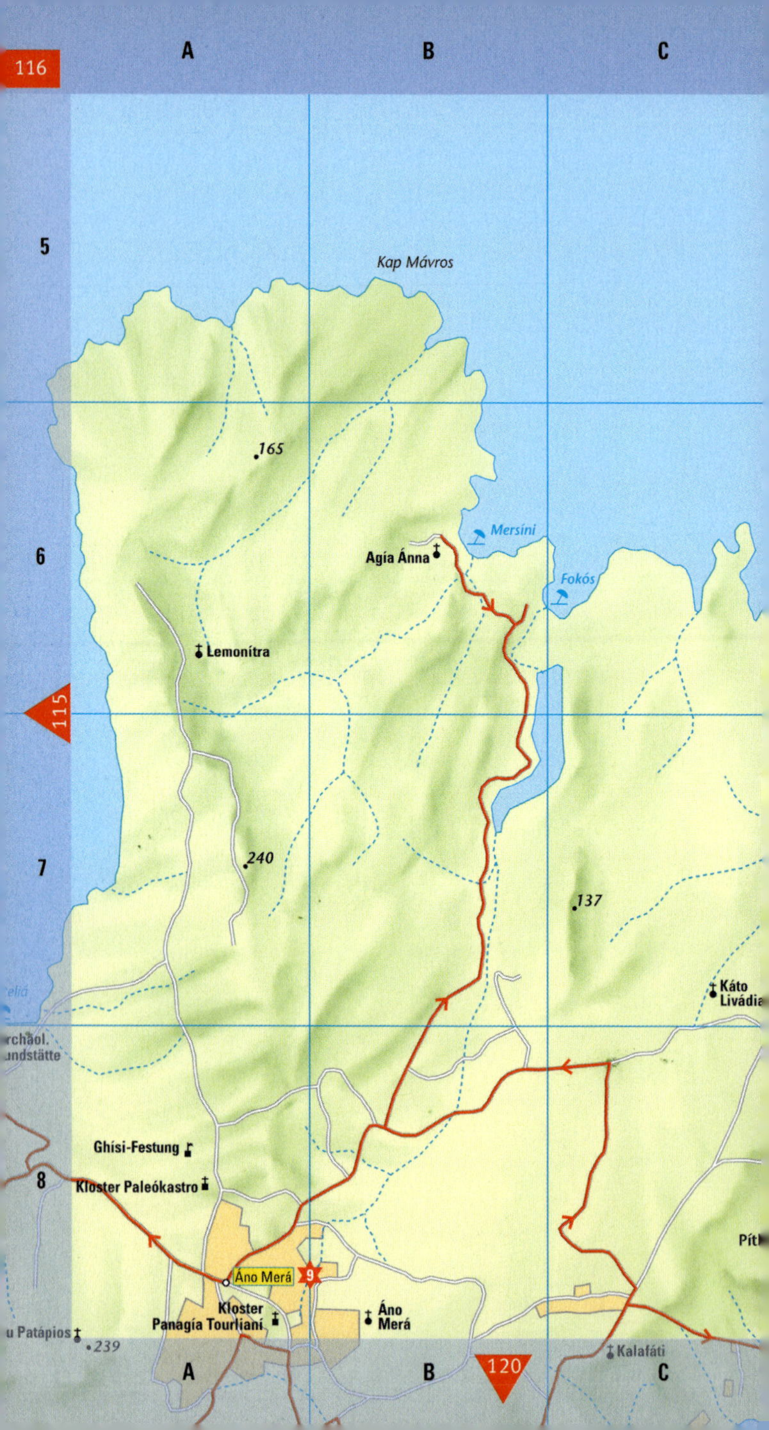
A
B
C
5
6
7
8
Kap Mávros
165
Mersíni
Agía Ánna
Fokós
Lemonítra
115
240
137
Káto Livádia
Ghísi-Festung
Kloster Paleókastro
Áno Merá
9
Kloster Panagía Tourlianí
Áno Merá
Pít
239
Kalafáti
120

D
E
F
5
6
7
8
Ägäisches Meer
Kap Háros
Kap Évros
Merchiás
Plintíria
Vathiá Langáda
Tigáni
Páno Tigáni
Prof. Ilías Anomerítis
•392
Káto Tigáni
Kap Goní
Franglía
Liá
1
121
0
900 m
N
© MERIAN-Kartographie

Páros
A
B
114
C
Archäol. Museum
Volkskundliches Museum
Ágios Nikólaos
Paraportianí-Kirche
Agia Kiriak
Mitropoli-Kathed
Kath. Kirche
Seefahrtsmus
Mykonos-Stadt
Kavouras
Ágiou Geórgios
1 2 4 5 6
3 4 5 6 7
Megáli Ámmos
9
Kórfos-Bucht
Diakóftis
136
Kápari
Ágios Ioánnis
7
10
Ornós
Ornós
Ornós-Bucht
Lázaros
11
Kap Glosída
Kap Alogómandra
12
Praso
Kromidi
Sfondili
A
B
C

D
E
F
Megálo Vouní
115
Ágiou Patápios
213
9
Koúnoupas
276
Halásrta
10
Kasomítis
Psaroú
Platís Gialós
Psaroú
8
Platís Gialós
120
Super Paradise
Pirgí
Agía Anna
Agía Anna
3
2
Paradise
11
Kap Blintrís
Paránga
Kafé Kávos
12
Ägäisches Meer
D
E
0
900 m
N
© MERIAN-Kartographie

Áno Merá
9
A
B
C
Kloster
Panagía Tourlianí
Áno
Merá
116
239
Kalafáti
Kalafát
Kala
13
Ag.
Ánna
1
Kaló
Livádi
1
Ág. Geórgios
184
Watermania
Agía Anastasía
14
9
Eliá
Eliá
8
Agrári
Eliá
160
119
Kap Makrokéfalos
Kap Agrári
15
Ägäische
16
A
B
C

D
E
F
117
Kap Goní
Frangliá
Liá
1
Tsángari
1
Kap Tarsanás
nsel
nia
Kap Mórti
53
Ano
Rematiaris
Délos
Kýnthos
112
Kato
Rematiaris
Délos
10
Meer
Kato Várdia
Hironisi
13
14
15
16
D
E
0
900 m
N
© MERIAN-Kartographie

❍ Orte
▲ Gebirge, Berg
★ Sehenswürdigkeit
~ Gewässer, Strand
▵ Insel, Kap
∞ Landschaft

Wenn Neugier und innovatives Denken
mit einer Auszeichnung belohnt werden …
… dann muss es live! sein!
Doppelter Grund zur Freude: Der Innovationspreis 2007 der Internationalen Tourismus-Börse ITB in der Kategorie „Kompakte Reiseführer“ geht an MERIAN live! – für die nützlichen und spannenden Neuerungen „herausnehmbarer Faltplan“ bzw. „MERIAN Quiz“. Darüber freuen wir uns sehr. Und Sie können sich noch mehr auf Ihre nächste Reise freuen!
Mehr Informationen unter
WWW.MERIAN.DE
MERIAN live!
Die Lust am Reisen
MERIAN live!
Berlin
EXTRA: Berlin-Lexikon
Hackesche Höfe – Wo Berlin sich amüsiert
• Galerien und Museen – Wo alte Meister und Junge Wilde sich begegnen
EXTRA MERIAN Quiz mit Gewinnspiel
NEU Stadtplan zum Herausnehmen

Hier finden Sie alphabetisch aufgeführt alle in diesem Band beschriebenen Orte und Ziele, Routen und Touren. Bei einzelnen Sehenswürdigkeiten steht jeweils der dazugehörige Ort in Klammern, bei Hotels steht zusätzlich die Abkürzung H für Hotel, bei Restaurant die Abkürzung R, bei Einkaufsadressen ein E und bei Adressen der Rubrik »Am Abend« ein A. Außerdem enthält das Register wichtige Stichworte sowie alle MERIAN-TopTen und MERIAN-Tipps dieses Reiseführers. Wird ein Begriff mehrfach aufgeführt, verweist die **fett gedruckte** Zahl auf die Hauptnennung im Band, eine *kursive* Zahl verweist auf ein Foto.

Liebe Leserinnen und Leser,
wir freuen uns, Ihre Meinung zu diesem Reiseführer zu erfahren. Bitte schreiben Sie uns, wenn Sie Berichtigungen und Ergänzungsvorschläge haben oder wenn Ihnen etwas besonders gut gefällt:

TRAVEL HOUSE MEDIA GmbH, Postfach 86 03 66, 81630 München
E-Mail: merian-live@travel-house-media.de Internet: www.merian.de

Der Autor
Diesen Reiseführer schrieb **Helmuth Weiß**, Diplom-Psychologe, Jahrgang 1953. Seit 1985 ist er als Lektor und Autor für verschiedene Verlage tätig. Einer seiner Schwerpunkte ist Griechenland: Helmuth Weiß ist u. a. Autor von MERIAN *live!* »Kos« und »Chalkidiki«.

Bei Interesse an Karten aus MERIAN-Reiseführern wenden Sie sich bitte an:
iPUBLISH GmbH, geomatics
E-Mail: geomatics@ipublish.de

Bei Interesse an Anzeigenschaltung wenden Sie sich bitte an:
KV Kommunalverlag GmbH & Co KG
MediaCenterMünchen
Tel. 0 89 – 92 80 96 – 44
E-Mail: kramer@kommunal-verlag.de

Fotos
Titelbild: Mykonos-Stadt mit Hafen (Bildagentur Huber/Kreder)
Alle übrigen Fotos von Sylvia Weiss, außer: Bildagentur Waldhäusl/imagebroker/C. Handl 49; Fan & Mross/P. Mross 26, 28, 29, 65; Huber/laif 22; K. Loos 63; Meier/laif 30; Tophoven/laif 7, 32/33, 42, 43, 52

Alle Angaben in diesem Reiseführer sind gewissenhaft geprüft. Preise, Öffnungszeiten usw. können sich aber schnell ändern. Für eventuelle Fehler übernimmt der Verlag keine Haftung.

Programmleitung
Dr. Stefan Rieß
Redaktion
Susanne Kronester/Simone Schmidt
Lektorat
Martina Gorgas
Gestaltung
wieschendorf.design, Berlin
MERIAN-Quiz
Verónica Reisenegger (Konzept und Idee)
Karten
MERIAN-Kartographie
Satz
h3a GmbH, München
Druck
Appl, Wemding
Bindung
Auer, Donauwörth
Gedruckt auf
Eurobulk Papier von der Papier Union

1. Auflage

TRAVEL HOUSE MEDIA

Ein Unternehmen der
GANSKE VERLAGSGRUPPE

Mykonos

MERIAN-Tipps

Tipps und Empfehlungen für Kenner und Individualisten

1 **Andrónikos Hotel**
In diesem geschmackvollen Design-Hotel ist Wohlfühlen garantiert (→ S. 13).

2 **Restaurant Ávra**
Intimes Ambiente verspricht der hübsche Restaurantgarten des Ávra. Perfekt für einen lauen Sommerabend (→ S. 15).

3 **Mykonos Diving Center**
Mykonos gilt als lohnenswertes Tauchgebiet. Die Tauchbasis am Paradise Beach führt zu den schönsten Plätzen (→ S. 29).

4 **Karolina – Aussteigerin und Malerin**
Ihre bunten Gemälde mit inseltypischen Motiven machen gute Laune (→ S. 39).

5 **Galerie Scala**
Mehr als die üblichen Souvenirs: wunderschöne Schmuckstücke und geschmackvolles Kunsthandwerk (→ S. 51).

6 **»Sundowner« im Caprice**
Nirgendwo schmecken Caipirinha & Co. besser als auf der Terrasse des Caprice (→ S. 53).

7 **Appolónia Bay Hotel**
Edles Weiß bestimmt die Atmosphäre dieses Hotels bei Ágios Ioánnis (→ S. 54).

8 **Eliá Beach**
Hellas! Eine gemütliche Taverne am Strand, dazu hübsche Bungalows: So schön ist Urlaub auf Mykonos (→ S. 62).

9 **Myconian Imperial Resort & Thalasso Spa Center**
Die Anlage oberhalb des Eliá Beach zählt zu den »Leading Hotels of the World« (→ S. 64).

10 **Pánormos Village**
Wer sich in familiärer Atmosphäre verwöhnen lassen möchte, dem sei die recht neue Bungalowanlage im Norden der Insel empfohlen (→ S. 79).

← MERIAN-TopTen
finden Sie auf Seite 1